VINCENT MESSAGE

DÉFAITE DES MAÎTRES ET POSSESSEURS

roman

ÉDITIONS DU SEUIL
*25, bd Romain-Rolland, Paris XIVe*

ISBN 978-2-02-130014-7

www.seuil.com

À Cloé

1

Je viens de rentrer de l'hôpital. J'ai refermé la porte, je m'y suis adossé car je ne tenais plus debout, puis j'ai glissé à terre en murmurant que j'étais chez moi. À regarder mon corps allongé dans ce couloir, et presque incapable de bouger, je peux le voir qui tremble comme ce jour-là les arbres au bord de la rivière. Je tremblais déjà sur le chemin, et s'il ne tenait qu'à moi je choisirais d'arrêter, mais c'est plus fort encore maintenant qu'on ne me voit plus, que je suis à l'abri des regards. Autour, tout a l'air familier, c'est l'appartement bien connu, celui que je possède et que j'habite depuis pas loin de vingt ans, mais répéter *chez moi* sonne faux et ne me rassure plus. Je me demande si dans leur calme, dans ce qu'elles semblent avoir de foncièrement inoffensif, les pièces – quand je me relève et quand j'y entre – ne me jouent pas surtout le mauvais tour de me faire oublier le compte à rebours qui a commencé. Allez. Maintenant. Il faut que le cœur s'affole pour ne pas que la fatigue m'emporte. Derrière les baies vitrées, la ville ne va pas tarder à entrer dans l'aube. Mais pas le genre d'aubes que j'aime : une aube méchante et tiède, plutôt, qui ne me laisse pas beaucoup de répit. Je devrais peut-être réagir tout de suite, passer d'autres vêtements, attraper mes affaires de travail, filer. Je ne le fais pas, apparemment. Je ne décolle pas. Il semblerait que j'aie besoin de réfléchir un peu, d'imaginer ma réaction tactique, ou de distinguer au moins les directions à ne pas prendre. Le problème est assez grave pour ne pas le compliquer de faux pas et des mauvais conseils de la précipitation. Puisque l'angoisse est là, qui en impose, je veux demander aux mots de la maintenir à distance, de ralentir mes mouvements avec ce rythme qu'ils ont. Je veux faire appel à eux pour que viennent me secourir des pensées combatives, qui me tirent du piège comme j'ai su à mes heures en tirer d'autres de la boue.

On ne dirait pas, comme ça – cela appartient déjà à un autre monde – mais c'est hier, seulement. Au même endroit, presque le même geste : pousser la porte de chez moi. Je me suis trouvé surpris tout de suite par le silence. J'attendais un peu de bruit quelque part, du mouvement dans le salon, dans une des chambres, qu'on vienne me sauter au cou, ou qu'on me dise au moins bonsoir. J'ai fait le tour des pièces en appelant à mi-voix, tout en pensant encore à d'autres choses, l'esprit entièrement occupé par les conflits et les embûches de ma journée au ministère. Mais quand il n'y a plus eu de pièces à traverser, Iris n'était nulle part. Sortant sur la terrasse, j'ai remarqué que le verrou de la porte coulissante n'était plus enclenché. C'était une journée lourde, et les lumières des tours, qui parfois sont si éclatantes, même si parfois se fait de plus en plus rare, écrivaient dans la nuit leurs cryptogrammes fantômes derrière la grisaille des particules fines. J'ai ouvert la remise, la serre : pas plus de traces d'Iris. Elle n'avait en tout cas sûrement pas travaillé sur la terrasse dans la journée, les arbustes et les feuilles étaient noirs de la poussière de mars, si dense, si innombrable qu'elle s'infiltre jusque dans le cabanon où nous tenons les plantes obscures. J'ai senti, en moi, que cela accélérait. Face à cet air qui ne bougeait pas, j'ai voulu une averse pour tout laver, tout décrasser, ou le bon débarras d'une tempête – mais, bien sûr, pas tant qu'Iris courait les rues. Je me suis approché de la rambarde. Je mettais de la lenteur dans mes gestes, parce que je me sentais fébrile et que j'avais peur de faire une bêtise. Je me suis penché, j'ai regardé en bas les trottoirs du boulevard, puis, en longeant la rambarde, en faisant le tour de la terrasse, les platebandes du jardin qui borde notre immeuble. L'éclairage était faible, nettement insuffisant, mais il n'empêche : je vois bien dans la nuit, et il n'y avait pas de corps. J'ai poussé le soupir d'une première malédiction conjurée.

Un instant encore, je me suis attardé sur la terrasse. La ville se tenait tranquille. On entendait seulement le bruit de la circulation et, en tendant mieux l'oreille, en guettant tous les rythmes et les mouvements secrets, le souffle des filtres à air, inspirant, expirant, cette ligne de basse si familière qu'il faut se concentrer pour la percevoir de nouveau. Voilà. C'était comme ça. Iris avait repris ses échappées. Le désir d'être dehors, dans le tremblement de l'air, était monté et avait balayé tout ce que je peux lui dire, les objections plus massives et plus raisonnables les unes que les autres que j'essaie de glisser dans nos conversations, et que, dans les moments où elle va bien, elle arrive à faire siennes jusqu'à ne plus y voir des contraintes qu'on lui ferait subir. Ça ne l'empêche jamais de me dire qu'elle a des fourmis dans les jambes, que la vie de tourne-en-rond est une vie à se flinguer. Parfois elle n'a pas de souhait plus grand que de s'en aller marcher jusqu'à laisser loin derrière elle les formes verticales de la ville. Si elle se mettait à courir dans un paysage libre, je ne suis pas sûr que l'horizon l'arrêterait. Je la comprends. Il suffit de la connaître un peu ou de l'observer quelques heures pour deviner qu'elle n'est pas une personne faite pour rester cloîtrée. Elle a assez donné en la matière, elle ne supporte plus. Même si les fenêtres de mon appartement dégagent la vue de toutes parts, même s'il est à la fois – c'est ce que j'y aime – un abri où se blottir et un lieu ouvert sur l'étendue de la ville, qui peut aller jusqu'à donner le sentiment de vivre avec le ciel, Iris accepte de plus en plus mal d'y passer ses journées. Il faudrait que nous partions habiter ailleurs, dans un endroit où le risque serait moins fort. Ici, les dangers sont tellement nombreux que je préfère m'abstenir de les énumérer. C'est la métropole en désordre, son immense sauvagerie sous ses dehors domestiqués, ses gens qui rôdent, cette masse de gens malades d'être si démunis et qui n'attendent qu'une occasion pour s'emparer de ce qu'ont les autres ou se donner l'impression de compter en laissant leur violence surgir.

Je suis rentré dans le salon. Je me suis assis dans un fauteuil pour être plus solide, je l'ai appelée, elle n'a pas répondu. J'ai essayé de me concentrer pour la localiser, mais je ne percevais aucun signal. Peut-être le réseau était-il saturé – cela arrive parfois, quand l'air est là à ne pas bouger, que la lumière pèse, que les particules empêchent les ondes de circuler avec leur aisance habituelle. J'ai regardé la date à l'écran du salon. Est-ce qu'elle m'avait parlé d'un projet pour ce jour-là ? Est-ce que j'étais parti en fermant derrière moi alors qu'elle m'avait annoncé qu'elle aurait besoin de sortir ? Il se pouvait très bien que j'aie mal écouté, je ne fais pas toujours aussi attention à elle qu'il le faudrait – et elle me le reproche souvent. Il y a des soirs, je dois l'avouer, où les efforts qu'elle fait pour me sortir la tête du ministère et du travail s'avèrent entièrement vains. Et quand, dans ces cas-là, je finis par me tourner vers elle, je peux lire dans ses yeux la tristesse que je lui cause en lui rappelant sans le faire exprès à quel point nous appartenons à des mondes différents.

Il fallait réfléchir. Je suis allé dans ma chambre me faire couler un bain. Comme chaque fois que je suis nerveux, de petites douleurs insaisissables mais opiniâtres commençaient à me ronger les articulations, et j'avais hâte de m'immerger. Malgré la chaleur qu'il faisait dehors, j'ai fait couler de l'eau brûlante : je voulais disparaître dans la vapeur, et j'ai pensé qu'ainsi l'eau serait encore à la température que j'aime lorsque j'irais dormir. Je n'ai pas très bien jaugé, cela dit, puisque au moment de me laisser glisser dans la cuve toutes les parties de mon corps où la chair est le plus fragile se sont mises à hurler. Il a fallu compenser le chaud par du froid en ouvrant à fond le robinet, patienter un peu plus. Quand j'y suis entré de nouveau, cela brûlait encore, mais cette fois-ci de cette brûlure accueillante qui annonce déjà l'impression de paix qu'on va ressentir une fois dedans. Je regardais les azulejos dont j'ai carrelé les murs, leurs vagues se brisant sur le rivage, leurs silhouettes de bateaux, les vieux châteaux en haut des promontoires. L'eau a commencé à monter le long de mon corps, et j'ai pu me remettre à penser. Aussi étrange que cela puisse paraître : lorsque cela va mal, je n'y arrive que dans l'eau. C'est comme si la pensée, en moi, était un fluide que l'angoisse empêche de circuler autrement qu'au compte-gouttes, et dont le débit ne peut s'accroître que s'il se met à sentir autour de lui un milieu liquide à rejoindre et où se fondre.

Iris disparue, injoignable. Bon. C'est comme ça que les choses étaient. C'était réel, c'est ce qui était en train de se passer. Que fait-on dans ces cas-là ? On attend quelques heures en s'efforçant de garder l'esprit serein, ou bien, si on n'y arrive pas, et au risque de les déranger pour rien, on alerte les autorités. On les appelle d'une voix qui ne parle plus correctement, on leur avoue en surmontant sa honte qu'on ne sait plus quoi faire, on confie sa faiblesse pour qu'elles déploient leurs forces, reprennent la charge trop lourde et nous assurent qu'on peut s'en remettre à elles, qu'elles vont s'en occuper. Oui – bien sûr, à coup sûr, c'est ce que recommanderait, si le gouvernement l'avait rédigé et que chaque foyer était tenu d'en posséder un exemplaire, le manuel du parfait petit citoyen. Et le fait que nous soyons nombreux, lorsque la situation se présente, à être très rigoureusement infoutus de procéder de la sorte prouve combien il est difficile de créer des règles qu'on ait envie de respecter, même quand on parle d'une espèce aussi avertie et spontanément responsable que la nôtre. En ce qui me concerne, j'avais de bonnes raisons de ne pas vouloir attirer l'attention sur nous. Elles existaient, ces raisons-là, depuis le début de l'histoire, et elles n'avaient malheureusement pas évolué d'un pouce. C'était la clandestinité qui avait protégé Iris jusqu'à présent – il aurait fallu des motifs d'un sérieux et d'une évidence insoupçonnables pour décider d'y mettre fin. Je me suis imaginé, un instant, placarder des affichettes aux réverbères des rues, ou poster sur le réseau une photo d'Iris en précisant depuis combien de temps elle avait disparu, mais ces manœuvres aussi auraient manqué de discrétion.

J'ai rappelé à plusieurs reprises, et je suis tombé toujours sur ce vide inquiétant. Qu'est-ce qui lui avait pris ? Où était-elle allée ? Les squats dans lesquels elle graffait il y a quelques mois avaient été bouclés, j'avais pris soin de le lui dire, cela participait du renforcement des contrôles, et elle n'aurait strictement rien gagné à retourner là-bas. Peut-être était-elle partie retrouver ailleurs des gens qu'elle y avait connus – car fréquenter des gens dont elle puisse être plus proche, avec lesquels se trouver sans effort sur un pied d'égalité, cela faisait partie bien sûr de ce qui l'attirait dehors. Mais je n'avais, dans ce cas, aucun moyen de savoir de qui il s'agissait. Je n'avais vu, moi, les rares fois où je m'étais permis de la suivre pour qu'il ne lui arrive rien, que des silhouettes resserrées en petits groupes murmurants, ou bien debout, de dos, bombe à la main, préparant contre les murs de pièces qui étaient presque sans lumière les figures de la révolte que les plus courageux ou les plus inconscients essayaient ensuite de disséminer en ville.

Dans cette eau-là, qui clapotait, j'ai remué toutes les pensées. Elles ont tourné, tourné, fuyantes et sans contours. Je me disais qu'au besoin j'ouvrirais la bonde et qu'elles partiraient par paquets, happées dans le tourbillon. Si j'étais très habile, je parviendrais peut-être à retenir des doigts les bonnes, en laissant les autres disparaître dans le labyrinthe des tuyaux. À un moment donné – cogiter mène toujours plus loin qu'on ne le voudrait, fait remonter des choses qu'on n'est pas fier de porter en soi – j'en suis venu à me demander si ce n'était pas Saskia qui l'avait dénoncée, dans un nouvel accès de jalousie, tardif et plus pervers que ceux auxquels elle m'avait habitué. Ça ne semblait pas incohérent. Ça faisait une histoire. Néanmoins, les choses entre nous se passaient, sinon bien, du moins aussi bien qu'il était imaginable qu'elles se passent entre d'anciens conjoints, ces derniers temps. Alors j'ai repoussé la paranoïa, je me suis dit qu'il ne fallait pas divaguer, qu'il restait assez d'estime réciproque pour qu'elle se refuse à me faire un tel coup.

Ensuite ça a sonné. Mon cœur s'est manifesté de nouveau, rapide et étonné d'être pris comme ça au piège. A retenti, toute proche, la voix de quelqu'un de lointain, qui parlait fort pour dépasser le vacarme qui l'encerclait. En dépit de mes problèmes d'oreilles, j'étais de mon côté à peu près sûr de l'entendre pour la première fois, mais de son côté elle connaissait mon nom, et elle avait en le prononçant quelque chose de solennel, destiné je pense à surmonter le malaise initial afin de retenir tout de suite mon attention. On avait trouvé Iris sur un bas-côté, à la sortie est de la ville, renversée sûrement par un véhicule. Les secours étaient en route – et moi aussi, si je parvenais à faire vite, on m'attendait.

La ville est grande, ça ne s'oublie pas. Elle envahit le ciel à coups de passerelles piétonnes entre les tours, le barrent de voies ferrées tendues au-dessus des rues et des canaux, elle oppose au désir de ligne droite ses collines couvertes de parcs, de cités-souricières, d'usines en ruine, elle creuse partout, en réparation maladroite et insuffisante de ses erreurs, des tunnels pour relier des quartiers que sépare la largeur brutale des autoroutes. Elle passe par au-dessus, passe par en dessous, contourne mais bute chaque fois sur des obstacles. J'ai beau être de ceux qui vivent cela au quotidien, et avoir le plan déployé dans un coin de ma tête comme une toile d'araignée solide et invisible, bien sûr cette nuit la ville était trop longue à traverser. La circulation circulait à n'en plus finir. Les chiffres du temps filaient trop vite – j'aurais déjà dû être sur place – mais me faisaient aussi subir une espèce de lenteur absurde – à s'attarder, à me fixer des yeux comme si j'avais l'éternité devant moi. Et puis personne ne comprenait. Personne n'avait un mot ou un regard. Je me concentrais sur le trajet, les raccourcis, les diagonales, tout en pensant que dans son malheur elle avait au moins eu la chance, après l'accident, de ne pas tomber sur des rôdeurs qui auraient profité de sa faiblesse pour l'embarquer.

La nuit s'était répandue sur toutes choses quand j'ai pu arriver sur place. Les derniers pas, j'ai ralenti, pour faire retomber un peu ma fébrilité, reprendre mon souffle. Puis je me suis frayé un passage entre les secouristes phosphorescents. Lorsqu'on m'a arrêté du bras, j'ai dit mon nom, rien que mon nom, autrement dit Malo Claeys, d'une voix où, sans que je l'aie voulu, perçait un peu de la fierté idiote de celui qui sait être pour une fois au centre d'une scène qui ne prendrait pas tout son sens sans lui. Ils se sont écartés. Ils ont considéré, à juste titre peut-être, que c'était à moi de la déposer sur le brancard. Quand j'ai soulevé son corps, sa tête s'est un peu renversée en arrière, et j'ai dû la caler contre mon épaule. Ses cheveux dénoués étaient collés en mèches poisseuses. Cela faisait longtemps que je ne l'avais pas connue aussi immobile et pesante. Puis j'ai commencé à sentir, douceâtre, tiède, humide, le sang qui gouttait de sa jambe gauche. Ils m'ont déclaré que le tibia et la rotule paraissaient fracturés, que le pied était (ils ont dit) sévèrement atteint, c'est-à-dire (j'ai traduit) plus ou moins en compote. Personne n'avait vu l'accident – et le chauffeur, confronté à cette absence de témoins et à ce qu'elle avait d'assez providentiel, avait jugé plus raisonnable et en quelque sorte moins ingrat de prendre la fuite. Ils ont continué à me parler, mi-factuels mi-consolants, mais le moteur de l'ambulance a recouvert leurs voix, ce qui peut-être n'était pas grave, car il n'y avait pas grand-chose d'autre à dire. Je suis monté, je me suis assis sur une sorte de banquette, je lui ai pris la main. Ça s'agitait autour de moi, dans un crépitement de mots brefs et impératifs qui ne m'atteignaient plus. Je regardais ses yeux fermés, où ne passait aucun mouvement. Je me suis rendu compte que j'aurais de beaucoup préféré les voir trembler de douleur. Car tant qu'il y a de la douleur, après tout… C'est alors – à cet instant, pas à un autre – que j'ai commencé à être envahi de ces visions que la volonté ne commande pas, qui demandent rarement notre avis, et auxquelles les hommes, ici, donnent le nom de souvenirs.

La soulever, la porter, la prendre dans mes bras, je le faisais tous les jours. Mais en détresse, vulnérable à un point que j'avais, je m'en rendais compte, beaucoup de mal à admettre, cela me renvoyait forcément à notre rencontre, Iris qui ne s'appelait pas encore Iris étalée de tout son long dans la boue de ce champ, et qui me regardait avec toute sa peur et son envie de vivre dans les yeux.

Je me suis décidé, soudain : j'ai soulevé un coin de la couverture. Dehors, avec la nuit, je n'avais pas bien vu – et même si c'était dur il fallait que je me fasse une idée. Les projecteurs cette fois éclairaient fort, et trop cru même. Le bas de la jambe était ouvert, sanguinolent, un amas de chairs que perçait le tibia brisé, le pied encore reconnaissable dans sa forme générale mais posé sur le brancard selon un angle qui ne disait rien de bon. J'ai caché ça vivement. Une main qui se voulait réconfortante m'a saisi à l'épaule. N'ayant pour le moment plus rien à faire, les urgentistes s'étaient assis et leurs yeux s'attardaient sur moi, compatissants d'une compassion qui me faisait peur : même si je n'arrivais à imaginer aucun moyen d'éviter ça, je ne voulais pas que d'autres inspectent sa blessure et voient aussi cette viande.

Autre vision. C'est le printemps – printemps subit dans ma mémoire. L'averse est passée, et dans le pays de collines autour de la maison où nous allons à la campagne, tout fume et tout scintille. Iris vient me trouver aussitôt, elle s'en fout que je fasse la sieste ou que je travaille, elle veut sortir, saisir le moment qui s'offre, ne rien avoir à regretter si de nouveau ça s'assombrit. Parfois je suis moi aussi énervé d'impatience, parfois c'est plutôt pour lui faire plaisir, mais dans tous les cas je m'équipe, on sort. Dehors, le moindre brin d'herbe porte la lueur parfaite d'une goutte ronde. On marche sans compter les heures, dans cette région de moyenne montagne où la vue change à chaque virage, et où les chemins ne fatiguent pas. Je ne sais pas comment il fait, par où il passe, mais le paysage m'entre en tête. Les sapinières noires et compactes. La silhouette de l'observatoire, sur le plus haut des sommets de la chaîne qu'on voit se découper à l'est. Iris se tient un peu en avant de moi, elle se met à courir pour un oui pour un non, moins endurante, mais explosive. Je vois ses jambes. Ses jambes là-bas, élégantes, élancées, qui me font signe, me commandent de la suivre. Elle s'arrête net au bord du chemin, cueille une graminée dont elle coince la tige entre ses incisives, et qui suffit – mains dans les poches, tignasse déglinguée par la pluie – à lui donner l'allure d'une jeune poète rebelle. L'air nous imprègne, et ses odeurs d'herbe et de bois. On pourrait avoir l'impression de renouer avec les sensations qu'a toujours dû donner cette terre dans les régions de climat océanique et tempéré. Mais les nuages qui filent, et le tremblement sans douleur des épis dans les champs – ils ne peuvent pas faire oublier que les oiseaux ont fait silence. De loin en loin, on croise un cheval. Il n'en reste plus beaucoup, et leur encolure est aussi solitaire au-dessus de leur mangeoire qu'un arbre mort au milieu d'un vallon. Iris franchit les barbelés d'un saut, s'approche, tend une main et son sourire qui ne se refusent pas. Elle bavarde un moment, lui fait comprendre qu'elle sait très bien ce qu'elle éprouverait si elle se trouvait à sa place, et puis, une fois qu'elle lui a murmuré des mots de résistance intérieure, assez pour qu'il arrive à tenir encore un peu, elle revient de mon côté et reprend notre bavardage à nous. Cette lumière d'après la pluie, dit-elle, c'est peut-être celle qu'elle préfère, parce qu'elle donne des contours aux choses même les plus ternes et les plus indistinctes. Elle dit cela, et la lumière est là pour moi aussi soudain. Sans elle, je ne la verrais qu'à moitié. On a beau retourner la chose dans tous les sens, il faut le reconnaître : ils perçoivent plus finement les couleurs ; ils sont plus sensibles à tout cela, et elle tout particulièrement. Elle poursuit, d'ailleurs, développe et argumente. Elle dit qu'on ne peut plus peindre ça, des pastorales : c'est bien trop loin de ce que nous avons à faire aujourd'hui, trop épargné – tant qu'on ne représente pas les élevages, bien sûr – de ce que les jours qui passent nous donnent comme motifs amassés d'indignation et d'inquiétude. Quand elle était plus jeune et que nous descendions passer un peu de temps dans la région, avec Saskia et Yanis, elle était dans son élément, tout à fait épanouie, elle se serait vue s'y installer à demeure. Désormais, ce qu'elle construit en ville lui manquerait, elle aurait l'impression, à s'attarder ici, de ne plus être partie prenante de rien, et reléguée dans une exclusion plus accablante encore que l'étroitesse forcée de la vie qu'elle mène là-haut. Mais ces heures de promenade dispersées à tous vents, si ce n'était plus quelque chose à peindre, c'était à vivre, du moins. C'était pour le présent. « C'est un moment dont on ne pourra presque rien *faire*, tu vois. Il est là pour lui-même. Et il nous est donné, non ? Alors ne le lâchons pas. » Elle a des mots de ce genre, très décidés.

Puis elle s'éloigne, et je vois le galbe de ses mollets qui sortent de ses chaussures de cuir montantes.

Tout au long du trajet, les sirènes de l'ambulance nous avaient frayé un passage assourdissant dans la circulation nocturne. Et quand les portes du camion se sont ouvertes, la concentration efficace avec laquelle on a fait monter au brancard d'Iris la rampe de béton qui menait aux urgences m'a conforté dans l'idée que tout allait être fluide, et qu'une diligence similaire viendrait contrer et compenser, étape après étape, la gravité de sa blessure. Une fois à l'intérieur… je me suis rendu compte que les choses ne seraient pas aussi simples.

Les urgences étaient pleines à craquer. Comme il n'y avait plus dans le grand hall un seul siège libre, certains patientaient debout, immobiles ou en faisant les cent pas, tandis que les brancards alignés le long des murs rétrécissaient les couloirs d'une haie d'honneur inquiétante. Cela sentait la transpiration et les produits désinfectants. Je savais comme tout le monde que nous n'étions pas prêts à consacrer beaucoup de moyens à cela, à leur santé, mais je ne m'attendais tout de même pas à un tel spectacle. Ils attendaient tous là, seuls ou accompagnés de leurs maîtres, le regard vide, suspendus dans une vacuole de temps que la douleur et l'angoisse avaient fait naître pour eux au milieu de cette nuit. Par intervalles, quelqu'un se mettait en colère pour essayer d'accélérer sa prise en charge, pour tenter de prouver qu'il n'était pas un numéro de plus dans la file d'attente, mais une personne dont la douleur méritait d'être prise au sérieux, et qui serait tout à fait capable de foutre un bordel monstre si on la négligeait trop longtemps. En face, ils avaient tellement l'habitude de se faire agresser que le personnel d'accueil était séparé des patients par une vitre de plexiglas qu'un coup de poing n'aurait pas fait vibrer. C'était le chaos de la vie qui veut vivre, mais si grouillante qu'on comprenait pourquoi les équilibres globaux exigeaient que des virus périodiques les déciment au hasard et recréent autour de chacun, par ce moyen toujours contestable qu'est la mort, un peu d'espace pour respirer.

L'idée de la nuit à venir se précisait en moi dans toute sa clarté cauchemardesque. J'allais donc la passer assis sur un mauvais siège en plastique, les yeux posés sur un brancard qui ne bougerait pas plus qu'un gisant, avec en tête l'image de chairs en train de pourrir un peu plus à chaque heure. Par un réflexe de résistance, je me suis mis à faire le tour mental de mon carnet d'adresses pour voir si je ne connaissais pas, parmi les gens que j'avais rencontrés lors de mes études de biologie, ou parmi les amis médecins que Saskia s'était faits, quelqu'un – même quelqu'un de lointain, avec qui j'aurais perdu contact depuis des années – qui serait susceptible de me faire bénéficier d'un passe-droit. Lorsqu'on croit comme moi à l'égalité, on ne veut pas de traitement de faveur, bien sûr, on tient à être traité comme les gens ordinaires, jusqu'à ce qu'on se rende compte à ses propres dépens qu'ils sont traités comme de la merde. Alors j'ai ravalé mes beaux principes. J'ai rassemblé mes forces, je m'apprêtais à appeler Saskia pour lui expliquer la situation et lui demander conseil lorsqu'un des secouristes est venu me prévenir qu'Iris allait passer au bloc tout de suite. Apparemment, son cas était une vraie urgence, et pas l'un de ces problèmes qu'appellent ainsi, par impatience d'être soignés, des malades qu'on peut en réalité faire attendre jusqu'au matin sans que cela change rien pour eux. C'était un soulagement, mais sans doute aussi mauvais signe. À la remorque des secouristes, j'ai hâté le pas pour serrer encore une fois la main brune d'Iris, pour embrasser ses paupières closes, comme si l'amour que j'avais pour elle pouvait encore l'aider. À la regarder, elle semblait toujours inconsciente, et pourtant j'ai eu l'impression, naïve peut-être, qu'elle répondait à la pression de ma main. Puis son brancard a disparu derrière les battants d'une porte coupe-feu, dans l'enchaînement de couloirs qui m'ont paru irréversibles.

On m'a guidé vers le bureau des admissions. Illusion ou réalité, je sentais siffler dans mon dos l'aigreur de celles et de ceux qui attendaient depuis plus longtemps. Alors que je m'attendais à de simples formalités, un peu de paperasse expédiée debout devant un guichet, je me suis retrouvé au seuil d'une petite pièce aquarium où on m'a demandé de m'asseoir. Ils m'ont dépassé alors que j'y entrais, se sont alignés en face de moi. De leurs voix douces, mais incisives, ils se sont mis à me presser de questions. C'est que le bracelet d'Iris était écrabouillé, inexploitable – il était déjà miraculeux que les secouristes aient réussi à en extraire mon numéro. Il fallait donc que je les renseigne avec toute la minutie dont je serais capable sur ses antécédents, pour que les gens du bloc aient toutes les cartes en main.

Ensemble, on a passé en revue : ils cochaient des cases méthodiques et rayaient des mentions. J'ai dit ce qui me paraissait important, et surtout pour l'anesthésie, mais bien sûr j'ai tu l'essentiel. Je me sentais prisonnier de leur esprit de suite, qui semblait tenir chez eux à la fois du réflexe et de l'orgueil professionnel. Le mieux, m'a-t-on soufflé sur un terrible ton de conseil, serait encore que je fasse un aller-retour rapide à mon domicile et que je rapporte son second bracelet. Oui – bien sûr, à coup sûr, c'était ce qu'il fallait faire, évidemment – et là aussi que cette affaire commençait à coincer, et l'angoisse à serrer tout ce qu'elle pouvait serrer en moi. J'ai bredouillé que c'était déjà celui qu'elle portait, que le premier s'était mis à dysfonctionner, il y a quelques mois, et que je n'avais pas encore pris le temps de le remplacer. On repousse, on repousse, vous savez comment c'est, on finit par d'autant moins le faire qu'on sait très bien que ça doit être fait. Suite à quoi j'ai cru bon d'ajouter que je travaillais dans un ministère, comme si cela devait leur prouver que j'étais une personne occupée. J'avançais cela en matière d'excuse. Leur petit hochement de tête, au contraire, soulignait que mon attitude n'en était que plus coupable. Mais ils n'ont pas poussé l'investigation. Ils en avaient vu d'autres, évidemment, il y avait loin encore de ma négligence et de la confusion diffuse qui devait se lire sur mon visage à ces individus pathologiques ou aberrants qui venaient chaque jour provoquer un esclandre, ou bien pousser leur lamento, ou simplement se perdre dans les couloirs. L'un d'eux m'a tendu, au cas où je ne l'aurais plus en tête, une fiche expliquant la procédure d'urgence pour lui faire fabriquer un nouveau bracelet, et indiquant l'adresse à laquelle je devais, en attendant, leur envoyer les papiers nécessaires. Je connaissais les règles, bien sûr : on opérerait le cas échéant dans les prochaines heures pour stopper les dégâts, mais aucune intervention plus ambitieuse ne pourrait avoir lieu tant que je n'aurais pas régularisé la situation de cette jeune femme.

Ces mots, ces mots. Si sobres, et banalisant tout. Ce périple administratif dont on m'annonçait les étapes, comme s'il suffisait que je m'y plie pour que la vie reprenne son cours, on l'aurait dit, vraiment, conçu pour m'occuper l'esprit à des moments que j'aurais sinon passés à gamberger, et même peut-être dans une certaine mesure pour me faire oublier qu'aucune procédure au monde ne pouvait faire en sorte que l'accident n'ait pas eu lieu. Sauf que dans le cas d'espèce, ça redoublait le problème, nouait le deuxième nœud d'angoisse. C'est lorsqu'ils ont dit ça, d'ailleurs, que je me suis mis à trembler. Jusque-là, j'étais parvenu – ce n'est peut-être pas l'impression que je donne en le racontant, mais c'est la vérité je crois – à contrôler tant bien que mal ce qu'on voyait de mes émotions : la peur n'était d'aucune utilité, il fallait faire les choses les unes après les autres, sans regarder à droite à gauche, dans une course d'obstacles. Soudain, j'ai eu le sentiment qu'elle était condamnée, et que c'était ma faute. Parce que j'ai été désinvolte. Parce que je me suis dit que nous pouvions continuer cette vie sans papiers, que ça ne servait à rien de courir des risques superflus et de multiplier les faux. J'ai commencé à chercher une manière d'expliquer la situation, mais les mensonges complexes ne s'improvisent pas en un tournemain, et j'ai jugé plus sage de faire semblant que cela ne posait pas de difficulté, que j'allais rentrer chez moi et réunir toutes les pièces nécessaires. Pour finir, j'ai tourné les talons avec l'impression vive qu'ils allaient peut-être me voir m'effondrer au bout du couloir, ou sur le sol de béton brut juste derrière les portes vitrées.

Maintenant, il faut que je trouve une solution. Obtenir en quelques heures, en une journée au plus, des papiers pour une clandestine… Et même si j'y arrive – mais je ne vois pas comment – la partie ne sera pas gagnée encore. S'ils ne peuvent pas sauver sa jambe ou lui en greffer une, ils vont venir me trouver dans une salle d'attente, avec leur air de porter un bout trop lourd du monde, et leur air qui a fait de son mieux, pour m'annoncer qu'il faut la laisser s'en aller. Ils diront *la laisser s'en aller* s'ils ont assez dormi, qu'ils trouvent l'énergie suffisante pour se mettre à ma place ou que ces euphémismes ont tourné chez eux au réflexe. Sinon ils diront *la piquer*. La loi est dure, mais c'est la loi. Avec mon poste au ministère, ce n'est pas à moi qu'ils vont apprendre ça. Nous reconnaissons tous, désormais, qu'il y a trop d'hommes sur cette terre, et que nous ne pouvons pas nous permettre de maintenir en vie ceux qui se trouvent souffrir de handicaps trop lourds. Il n'y a pas si longtemps encore, on aurait pu imaginer qu'Iris continue de vivre avec une prothèse, même rudimentaire. C'était avant les restrictions qu'a entraînées la remise à plat de la politique démographique. L'observer boitiller toute la journée de sa chambre à la terrasse, ou incapable de se déplacer seule, remuant du désespoir, ce ne serait pas facile, déjà, ça allait me faire peine à voir. Mais je ne peux pas imaginer qu'elle puisse mourir tout de suite, alors qu'on vient de fêter ses vingt-cinq ans, qu'elle a encore au moins trois décennies devant elle – quatre peut-être si je travaille bien et que la réforme passe.

L'horizon qui se referme – cette impression d'une nasse où je serais entré sans m'en rendre compte –, c'est particulièrement désagréable, tout cela, à l'heure surtout où cette question de la fin de vie compte au nombre de celles dont mon métier m'amène à me préoccuper. Jusqu'à quand une vie d'homme mérite-t-elle d'être vécue ? Qui peut savoir cela ? Qui a le droit d'en décider ? Nous sommes pris dans ce questionnement permanent, au comité d'éthique, et les années passées là-bas ne m'ont pas donné les bonnes réponses, juste des manières moins grossières d'exposer les dilemmes. Autrement dit, je n'ai pas attendu un accident de ce genre pour être quelqu'un qui doute, mais le voilà qui déboule, renverse quelqu'un que j'aime et vient donner à ces questions un tour plus personnel, le tranchant effilé de la vie et de la mort. Je raisonnais sur ces sujets et j'étais fier de ma raison. Maintenant c'est le cœur qui bat, insupportable comme sont les cœurs. Si je ne fournis pas les papiers d'ici demain ou après-demain, en eux aussi un doute va poindre. S'ils se rendent compte qu'elle était destinée à finir dans les chambres froides d'un boucher, ou détaillée sur un étal, et qu'elle n'a vécu si longtemps que parce que j'ai transgressé la loi de séparation entre ces deux catégories d'êtres – alors c'en sera fini d'elle, très vite, et peu après c'est moi qui devrai répondre de mes actes. Il me faut une issue. Il faut que l'intelligence se mette au travail et nous sauve tous les deux.

2

Avant que nous n'arrivions, les hommes avaient parcouru cette planète en tous sens et avaient partout laissé leurs empreintes, même dans les territoires les plus sauvages et à première vue les plus difficiles à domestiquer. Les silhouettes élancées des phares s'accrochaient vaille que vaille sur les rochers de tempête. Une main reconstruisait le cairn éboulé, là-haut, sur les sommets où la neige ne fond pas. Certains d'entre eux s'interrogeaient sur ce que signifiait ce désir d'omniprésence, en manifestaient de l'inquiétude, mais dans l'ensemble cela leur allait bien : c'est une espèce de bâtisseurs ; ils aiment laisser des traces, et supportent même mal à vrai dire qu'elles s'effacent dans l'usure des années et dans le vent en discorde.

Nous les avons observés quelque temps sans nous mêler à eux. Il était inutile qu'ils soient au courant de notre présence tant que nous n'avions pas pris de décision un peu ferme. Fallait-il s'établir ? Ou se réembarquer, passer notre chemin ? Nous avions besoin de temps pour étudier le problème, il n'était pas question bien sûr de se lancer à la légère. Dans les débuts – je n'ai pas vécu cette époque, mais on me l'a racontée, et si souvent – nous nous tenions sur des rivages inhabités, car cette terre malgré tout n'en manque pas. Nous passions nos journées en maraudage dans l'eau, et ne nous aventurions vers l'intérieur que dans les régions où le passage des hommes est rare, ou lors de nuits sans étoiles et sans lune. J'imagine que cela devait emplir d'un sentiment étrange, cette attente, cette rencontre dont on se demandait s'il était souhaitable qu'elle ait lieu. Il y avait un peu d'impatience. L'impression de vivre une quarantaine, alors que le nouveau monde est là, à portée de main, une terre prête à tenir ce qu'elle a promis, ou à décevoir.

Pourtant, nous n'étions pas mécontents de faire d'abord connaissance avec l'eau. Les habitants, cela compte, bien sûr. Mais la planète d'abord. Et quand c'est de cette planète-ci qu'on parle, autant dire l'eau d'abord. Les mers. Les océans, immenses. C'était cela ce globe vu de loin, le signe distinctif qui avait attiré notre attention comme un regard dans une foule et nous avait conduits à changer de cap. Pendant ces années lentes où nous l'avions en ligne de mire, notre sommeil était hanté par ces océans que n'arrivent jamais à masquer entièrement les spirales somptueuses des nuages. Nous imaginions l'eau qui s'évaporait, discrète et goutte à goutte, puis se condensait dans le ciel pour retomber, fraîchie et neuve, en bruine ou en orage. De l'eau à perte de vue, flux et reflux, et sous cette forme liquide qui est si prometteuse quand on s'intéresse à la vie. Pas un astre glacé dérivant dans l'espace. Pas le rouge des canyons à sec, ou quelques traces à peine décelables sous les kilomètres de roche. Mais les glaciers, les torrents qui dévalent, le débit des fleuves sinueux, les boucliers de brume épousant les contours des lacs, les océans offerts, vivants et habités.

Les animaux marins ont remarqué notre présence bien avant que les hommes ne le fassent. Et passé les premières rencontres, effarouchées et sidérantes, ils s'y sont vite accoutumés, jusqu'à peut-être aimer notre compagnie. Ils n'avaient pas à leur disposition de langage suffisamment élaboré pour avertir les hommes – et même si ç'avait été le cas, d'ailleurs, ils s'en seraient sans doute abstenus, car nous nous montrions beaucoup moins violents avec eux. Nous vivions de ce qui poussait sur les côtes et dans les hauts-fonds, ou bien du varech rejeté sur la grève par les vagues, et que nous allions dessaler dans l'eau douce des étangs. Quand une zone où nous nous étions établis quelques mois nous paraissait avoir besoin d'un temps de repousse, nous faisions aussitôt, en dépit de la fatigue et des habitudes prises, l'effort d'aller plus loin, car nous ne voulions rien épuiser. À cette époque, timide comme souvent les débuts, ou peut-être simplement prudente, nous faisions bloc dans l'intention de nous mouvoir sur cette planète avec le pas furtif ou les battements de nageoire parcimonieux des animaux qui ne veulent rien déranger, parce que l'endroit leur plaît et qu'ils aimeraient rester longtemps.

Les hommes, pour leur part, inspiraient à toutes les espèces que nous rencontrions une terreur si brutale, à ce point passée dans leurs corps qu'en nous aussi s'est insinuée la peur de ce qui se produirait s'ils décidaient de s'en prendre à nous. Nous nous sommes dispersés pour ne pas attirer leur attention, et pour qu'en cas de catastrophe – s'ils envoyaient certaines de leurs armées faire notre connaissance, ou si un raz-de-marée nous balayait soudain – notre dessein ne soit pas compromis, qui était d'explorer alentour, de s'installer peut-être, de survivre. À la surface, dans le clapotis ou le grand tohu-bohu, nous nous sommes mis à repérer les silhouettes longues des navires de commerce, alourdis de leurs conteneurs en pyramides de couleurs vives, et les silhouettes ventrues des chalutiers géants. Sous l'eau, nous avons appris à déjouer les ondes inquisitrices de leurs sonars, qui guettent le danger des reliefs, les bancs de poissons à prendre, et se propagent comme un appel auquel il ne faut pas répondre.

Tous ces bateaux, flottilles ou armadas, c'étaient encore comme des jouets minuscules sur l'étendue des mers, mais capables de ravages. Nous les regardions à la manœuvre. Observer, observer. Connaître celui qui sera l'allié ou l'adversaire. Les chalutiers tractaient des filets gigantesques, raclaient les fonds, retournaient le sable, arrachaient la végétation, traînaient les poissons sur des kilomètres, les écrasaient contre des rochers. Derrière eux, après quelques passages, il ne restait plus qu'une sorte de cimetière blanc, désert, spectral, où flottaient les squelettes de coraux sans vie. Nous avions du mal au début à savoir ce qui se passait ensuite, sur les bateaux. Il est sûr que beaucoup de poissons, déchiquetés par les mailles du filet ou écrasés par le poids de leurs congénères, les yeux exorbités, les organes éclatés par les changements de pression, n'y arrivaient que morts et très imprésentables. Les autres se débattaient dans l'entrepont, opposaient leurs sauts convulsifs à l'asphyxie lente et certaine. Les équipages faisaient le grand tri, rejetaient les prises accessoires, tous les poissons que chez eux on ne consommait pas, mais aussi les espèces protégées, dauphins, albatros, tortues de mer – en fin de compte les victimes collatérales, très souvent plus nombreuses que les victimes ciblées, comme c'est le cas dans toutes les guerres. Parfois, c'était par centaines de tonnes qu'ils rejetaient les agonisants à la mer, parce qu'ils avaient l'espoir de trouver un peu plus loin d'autres bancs de la même espèce, mais aux poissons de plus grande taille, et dont de retour au port ils tireraient plus d'argent. J'en parle, car c'était là notre nourriture à nous. Nous n'avions pas besoin de pêcher, il suffisait de connaître les routes des chalutiers et de passer derrière eux pour prélever un peu de cette manne, quelques centaines de ces milliers de poissons qui tombaient en silence vers les grands fonds, et pour qui de toute manière on ne pouvait plus rien. Alors oui, il ne serait pas faux de dire d'une certaine manière que les hommes nous ont nourris. Mais quand nous en parlions, de jour en jour notre peur initiale se tramait d'étonnement et d'un peu de condescendance. Nous avions du mal à comprendre comment ce qu'il y avait de sophistiqué et de compétent dans les méthodes de cette espèce qui occupait apparemment le sommet de la chaîne alimentaire pouvait se concilier avec autant de gâchis, de morts inutiles, un pareil consentement à faire souffrir et à détruire sans retour.

Du moins, c'est là ce qui nous intriguait jusqu'à ce que circule parmi nous, sans qu'il soit possible de savoir qui l'avait émise le premier, l'idée que tout cela se passait loin des côtes et loin sous la surface de l'eau. C'étaient des équipages conditionnés à la rudesse, entraînés à se montrer virils et à faire corps. Des hommes encore imprégnés de l'impression que c'étaient eux les proies faciles dans ce milieu qui n'était pas le leur, que la violence dont ils faisaient preuve répliquait simplement à la violence des éléments et aux menaces omniprésentes. Et puis l'océan était grand. Le sang qui pleurait à flots des écoutilles se diluait dans les vagues. Les habitants des terres ne voyaient rien du massacre ; ils s'étaient mis à juger naturel de pouvoir se procurer du poisson si l'envie leur en venait ; ils se plaignaient seulement de le trouver si cher, mais sans se faire aucune vision concrète de ce qui se passait en mer. Le large ne leur était rien. Ils ne connaissaient pas, comme nous qui respirions avec la mer, ses vents en liesse et sans mesure, pour qui il n'y a rien d'intangible. Ils n'avaient pas, comme certains de nos éclaireurs, passé des jours à fendre les nappes que formaient leurs déchets charriés par les rivières, amalgamés par les courants au centre des gyres océaniques, toute cette soupe de plastiques dont les poissons avalaient les débris, qui les rendaient malades et les tuaient bientôt. L'océan, c'était encore pour eux le gouffre amer des poètes, un abîme insondable où même la lumière capitule. Ceux à qui il arrivait de s'éloigner des côtes se limitaient à un cabotage de plaisance, traversaient tout au plus des mers intérieures, monotones à vrai dire derrière l'épaisseur des hublots après qu'on a été se gorger un coup d'air frais et d'embruns sur le pont. Un temps, à l'époque des cartes de papier étalées sur les tables, de la curiosité conquérante des sociétés de géographie, de jeunes hommes battant le pavé des ports avaient pu voir dans les voiles frémissantes des bateaux le symbole évident du voyage. Depuis que les passages d'un continent à l'autre s'effectuaient en avion, les mers étaient abandonnées aux militaires, aux équipages de pêche industrielle, aux navires de commerce battant des pavillons souvent peu recommandables.

Bien sûr, s'ils avaient tenu à se faire une idée, cela n'aurait pas été si difficile – et une minorité s'y employait d'ailleurs. Mais encore aurait-il fallu, pour que le mouvement s'étende, qu'ils aient envie de savoir, autrement dit qu'ils y aient intérêt. La plupart préféraient se rassurer en se disant qu'on exploitait la mer de façon certainement un peu trop intensive, mais qu'elle devait avoir assez de ressources pour se remettre de ce genre de traitements. Les images de l'océan vide ou de fonds marins pollués qu'ils avaient vues passer ici ou là n'étaient pas convaincantes. Le carnage pour une fois n'avait rien de photogénique. Les victimes supposées ne parlaient pas. De toute manière, si c'était encore pour se sentir coupables, ou impuissants, ou pour se voir interdire de vivre, cela allait bien comme ça, merci : ils avaient l'impression unanime d'avoir au quotidien déjà assez de raisons de s'en faire, et de buter sur assez de limites.

C'est en posant ce constat, me semble-t-il, que nous avons pris notre première leçon d'humanité, pu établir une première différence tangible parmi toutes celles qui nous séparent : ils n'ont tendance à faire de place dans leur esprit que pour les choses proches et visibles. Nous avons ce défaut aussi, je ne le nie pas (c'est peut-être un réflexe naturel d'individus dont les forces sont restreintes et le temps de vie compté), mais il s'avère d'une tout autre ampleur chez eux. L'invisible, le lointain, ils s'en servent comme d'un inconscient où peut être commodément refoulé tout ce qu'on n'a pas envie de garder en tête ou sous les yeux. Ils se doutent que la beauté du monde visible, sa générosité de corne d'abondance supposent beaucoup d'échafaudages, de coulisses, de dépotoirs, de sous-sols, d'arrière-pays, de périphéries crasseuses où cette beauté se prépare dans un entassement de misères et de laideurs dont on cherche à ne parler jamais. Ils protestent parfois contre cette opacité. Mais en somme elle fait leurs affaires : on mènerait une existence d'inquiétude permanente et inutile si on désirait à tout prix savoir comment les décisions se prennent ou comment les objets se fabriquent.

Je crois que ce qui s'est produit ces derniers temps, dans la vie d'Iris, et qui en a bouleversé le cours jusqu'à la rendre pour moi décidément insaisissable, c'est qu'elle s'est mise à ne plus s'accommoder de rien, à porter sa révolte non pas latente sous les habitudes quotidiennes, mais exprimée à fleur de peau. Ce n'était plus d'abord la joie de vivre, mais son sentiment d'injustice qui la faisait bondir chaque matin. Pour revenir au sujet de l'heure, cela dit, pour parler des hommes tels que nous les avons trouvés occupant cette planète, il faut avouer, aussi invraisemblable ou puéril que cela paraisse, que la connaissance ne leur suffit pas. Ils ont besoin de voir de leurs yeux. Ce qui ne vient pas à eux ne les touche pas, n'existe pas pour eux, ou pas plus tout du moins que des fantômes que le jour chasse. Les chiffres non plus ne leur disent rien. Quoique beaucoup passent l'essentiel de leurs journées à les établir avec précision et à construire des scénarios probables, on continue de tenir pour des excités ou de doux rêveurs ceux qui jugent certains chiffres alarmants et qui voudraient en tenir compte aussitôt en demandant à tous de réformer leur conduite. Les hommes sérieux, dans leur grande masse, ne consentent à se plonger dans la collecte minutieuse et austère des données que pour marteler ensuite celles qui se trouvent arranger les personnes qui les paient, et qui ne contredisent pas leurs intérêts présents. L'avenir, de ce point de vue, et ses générations futures, est pour eux abyssal comme sont les fonds marins : on en parle de temps à autre, en montrant de l'inquiétude, mais quand bien même on le souhaiterait, on ne pourrait pas y vivre, ni même y faire un tour pour savoir comment c'est.

Tout au long de cette période – notre grande attente, cette jeunesse maritime qui a fait de nous des amoureux de l'eau – nous n'avons cessé de recueillir des signes que les hommes étaient ici l'espèce dominante, et celle avec laquelle nous allions devoir négocier si nous voulions nous implanter. Une des choses qui nous ont le plus interloqués, à l'époque, est qu'ils avaient cherché à établir le contact avec nous. À l'affût d'autres formes de vie, ils avaient entrepris d'envoyer des ondes dans l'espace et de déployer des paraboles géantes sur les hauts plateaux cristallins pour tenter d'en capter. Ils ont même été nombreux à penser (cela n'a pas duré, mais ceux qui ont vécu des moments de ce genre ont trouvé cela horriblement gênant) que nous étions venus parce que nous avions reçu ces signaux – et en quelque sorte pour ne pas laisser l'invitation sans réponse. Ils nous appelaient, en somme, et donc nous accourions. Pourquoi nous appelaient-ils ? Eh bien, nous ont-ils répété dès que nous avons eu les moyens de les comprendre, parce qu'ils se sentaient seuls. Dans l'immensité de l'espace. Cela leur paraissait paradoxal. Si l'univers est infini, raisonnaient-ils, comment pourrions-nous être seuls ? Ils n'avaient pas tort sur ce point, et ce n'est pas cela à proprement parler que nous avons trouvé embarrassant. Notre présence après tout témoignait de façon assez éloquente du bien-fondé de cette question. Mais s'ils n'étaient pas seuls dans l'espace, ils n'étaient pas tout seuls sur cette planète non plus, et ils semblaient pour la plupart n'en avoir qu'une conscience diffuse. Ces animaux qu'ils élevaient, qu'ils chassaient, qu'ils pêchaient depuis des millénaires ne leur faisaient pas des compagnons suffisants. Ils les avaient rejetés, les avaient relégués loin des villes, avaient résolu, avec une fermeté de plus en plus systématique au fil du temps, que ce seraient pour eux des figures d'autrui négligeables. Cent milliards sur la terre, mille milliards dans les mers : ils tuaient, chaque année, beaucoup plus d'animaux qu'il n'était mort d'hommes au cours de toutes les guerres depuis le début de leur histoire, mais ils ne les appelaient pas victimes, n'appelaient pas ça la guerre, et ne voyaient dans ce système qu'un moyen de se nourrir. Les espèces d'amphibiens, d'oiseaux et de mammifères qu'ils menaient à l'extinction méritaient bien sûr de survivre, ils en tombaient d'accord sans peine quand on les questionnait là-dessus, mais pas au point toutefois de les laisser entraver le développement partout impératif. Confrontés aux visages d'énigme des animaux, ils avaient l'impression de ne pas pouvoir en être compris, la frustration, réciproquement, de ne pas saisir ce qui se passait en eux – ce qui, concluaient-ils, signifiait bien qu'il ne devait pas se passer grand-chose, derrière cet affairement naïf, au-delà de l'activité bruyante et répétitive de l'instinct.

Les hommes ne voulaient plus être seuls, mais ils ne s'entendaient qu'avec ceux qui leur étaient semblables presque en tous points. Ils n'étaient qu'une poignée à anticiper que les autres, par définition presque, ne sont jamais comme on l'attend. Ils se déchiraient entre eux, creusaient la distance orgueilleuse avec le reste du vivant, et ne pouvaient pourtant pas s'empêcher de jouer, pour se faire peur, pour voir plus haut, avec l'hypothèse d'une altérité radicale qui viendrait subitement désaxer leur vision du monde et chambouler leurs certitudes.

Un temps, je sais que nos instances dirigeantes ont planché sur ce scénario : il fallait attendre sans rien dire, attendre des décennies si c'était nécessaire, dans la même discrétion, pour voir comment ils allaient évoluer dans ce monde devenu trop petit pour eux. Ce serait une mise à l'épreuve, mais jamais annoncée comme telle, puisqu'ils ne savaient rien de nous. Et si, bien qu'ils soient devenus trop nombreux pour ne pas être tentés de se battre pour chacune des ressources dont ils avaient besoin, ils parvenaient à instaurer de plus grandes aires et de plus longues périodes de paix, à ne pas céder à la panique malgré la pénurie, alors peut-être vaudrait-il la peine de nous manifester à eux, d'amorcer un dialogue sur un pied d'égalité.

Le problème, c'est que nous ne pouvions pas nous permettre d'attendre de voir comment les choses tourneraient. Nous étions trop nombreux pour rester longtemps invisibles. C'était une vie trop contraignante que celle des rivages et des déserts, à nous tenir loin de toutes les régions qu'ils habitaient, alors que c'étaient évidemment celles dont le climat était le moins rude. Est donc venu le jour – et quel jour, quel jour, murmurait mon père à sa manière songeuse – où nos dirigeants ont conclu que cette planète était habitable, que nous pourrions nous y établir quelques générations durant. Bien sûr, il fallait aussitôt préciser, pour ne pas créer de faux espoirs, que ce ne serait pas le chez-nous durable dont nous étions en quête. Ce n'était, d'ailleurs, même pas une planète susceptible de nous faire progresser beaucoup vers l'accomplissement des fins qui nous tambourinaient dans le cœur, mais après l'épuisement de ces années vagabondes, cela faisait une halte, un répit bienvenu, une relâche des nerfs et des muscles. Nos réserves de vivres et de carburant ne nous donnaient de toute façon pas les moyens de pousser beaucoup plus loin. C'était là une planète acceptable, tandis que la prochaine candidate repérée nous aurait contraints de nouveau à de nombreuses années de voyage, sans certitude d'atteindre notre but ou d'y trouver d'aussi bonnes conditions. Il nous arrive à tous d'être découragés en constatant à quel point l'univers est hostile. On ne peut pas se dissimuler le fait qu'il n'est pas prévu pour la vie. Elle demande, pour prendre son essor, des conditions si rares qu'on ne peut pas se permettre d'être par ailleurs trop exigeants avec les lieux où le hasard les a réunies.

Plus tard, une prospection plus fine nous a fait revoir à la baisse notre évaluation des gisements de matières et des sources d'énergie que nous pourrions exploiter ici. Cela nous a inquiétés, sans nous paraître rédhibitoire : c'était de longue date devenu le sens et le ciment d'un collectif comme le nôtre que de faire durer au-delà de l'imaginable des ressources limitées et d'en inventer de nouvelles, même lorsque tout semblait connu, pour ne pas avoir à reprendre trop tôt notre errance. Nous savons que la croissance sans contrôle est ce qui provoque l'effondrement. Cela paraît paradoxal de prime abord, mais cela s'est passé comme ça partout où nous avons eu l'occasion de l'observer : c'est la prolifération énergique de la vie qui soudain mène à sa disparition. Ainsi s'explique que la plupart des espèces restent prisonnières de l'écosystème qui les a vues naître et grandir, et se rayent elles-mêmes de la carte sitôt que leur maladresse, leur avidité ou leur inertie les ont conduites à l'épuiser ou à le dérégler. Si nous sommes parvenus à compter au petit nombre des nomades, c'est que nous sommes une espèce économe. Du moins, nous arrivons à l'être quand aucune abondance de biens ne vient soudain nous bercer de l'illusion que notre retenue ne sert à rien et que nous serions idiots de ne pas nous en donner à cœur joie.

Mes parents ne m'ont jamais caché avoir eu une jeunesse difficile. Ils ont connu une planète sèche, où on quêtait des jours durant une nourriture qui n'avait aucun goût et qui ne rassasiait pas. Ils ont connu la promiscuité et l'interminable ennui des vaisseaux. Quand on leur a dit, enfin, qu'ils étaient arrivés, et même s'ils savaient encore peu de chose de leur nouvel environnement, ou de ce qui les attendait, ils ont senti un poids leur tomber des épaules. Et lorsque nous avons compris que nous allions pouvoir utiliser la force de travail des hommes, profiter de tout ce qu'ils avaient déjà construit, ils ont senti grandir en eux, pour la première fois si solide, affirmé et durable, un sentiment de bonheur. Une fois privés de leur liberté, domestiqués et apaisés, les hommes nous ont délivrés d'une bonne part de ces tâches répétitives qui nous avaient paru faire de la survie, même dans ce qu'elle a de plus simple, un exercice ingrat. Cette terre, a commencé à dire ma mère – j'entends sa voix fragile et enveloppante – cette terre sera celle où nous nous reposerons. Elle répétait avec une sorte de soulagement infini : Nous nous y reposerons. C'était l'espoir qui exagère. Réflexe naturel, là encore : on projette un avenir meilleur pour se donner du courage. Sauf que, pour la génération qui suit, cet avenir est devenu le présent, et il n'est pas de tout repos. D'ailleurs, même indépendamment de cela, ma mère savait très bien que nous devrions repartir un jour. Elle se disait seulement que cette fois-ci, ça ne tomberait pas sur elle. Pour peu que nous réussissions à ne pas détraquer le climat plus qu'il ne l'était déjà, et à ne pas trop nous éloigner de l'esprit de sobriété que nous avions su conserver en route malgré les dissensions, les affrontements inévitables, les tentatives de mutinerie, cette terre serait la dernière qu'elle connaîtrait. Ce serait à la génération suivante – la relève, disait-elle – ou peut-être même à celle d'après de se préoccuper de la prochaine migration. Se faisait jour, en elle, l'idée rassérénante qu'elle n'aurait pas vécu toujours chemin faisant.

Il y en a, parmi nos congénères, qui mettent toute leur fierté à être les grands nomades, qui n'ont que cela en tête, qui se sentent inactifs, inutiles, en porte-à-faux avec ce qu'ils portent en eux de plus singulier quand ils ne sont pas en mouvement. Pour convaincre autour d'eux que la manière de vivre qui a leur préférence est aussi la plus belle, celle que devraient endosser toutes les personnes qui ont un peu de jugement, ils affirment que la meilleure façon de se former l'esprit et le cœur est de voyager de planète en planète – d'éprouver le silence de l'univers, de lui faire face, de ne pas lui tourner le dos en gardant l'œil rivé au sol du territoire infime qu'on s'est délimité. Mais cela, non, ne va pas à tout le monde. Mes nomades de parents ont fait des sédentaires heureux. Ils ont aimé voir l'aube toujours depuis les mêmes fenêtres, le soleil se lever chaque jour sur une ville qui ne changeait que lentement. Moi je n'ai pas d'opinion là-dessus. Les quelques idées arrêtées que j'ai pu avoir plus jeune sont allées s'étiolant. Je regarde le soleil émerger, en ce moment même, préciser les formes des immeubles et des rues, leur rendre par degrés insensibles les couleurs que la nuit leur ôte. Malgré les efforts de la lumière, ce monde est un peu terne, c'est sûr. Il y a moins de poussière dans l'espace. Moins de nuances, aussi. Et de cœurs qui battent. La nuit est derrière moi, et je n'ai pas dormi une seconde. Je suis sur la terrasse. Je regarde le soleil sans qui il n'y aurait rien. Je sais que je ne sais plus quoi penser.

3

Il était encore tôt quand je suis arrivé au ministère. J'ai gravi les marches du péristyle avec des gestes pesants qui m'ont moi-même surpris. J'ai retrouvé les couloirs longs. Je ne m'en plains pas d'habitude, car ils permettent de réfléchir et de se dégourdir les jambes, mais il est sûr qu'ils ont de quoi faire perdre patience même à des individus obstinés. Aux différents contrôles d'accès, les portes m'ont reconnu et se sont ouvertes devant moi les unes après les autres. Elles sont si hautes, je me suis dit. Et si nombreuses. Alors qu'au jour le jour j'avance mécaniquement, sans prêter garde, la lucidité hébétée de ma nuit blanche me portait soudain à voir là autant d'obstacles, autant de manifestations tangibles des difficultés qui m'attendaient.

C'est que ce monde ne plaisante pas avec la question des papiers. Cela fait longtemps qu'être quelqu'un ne suffit plus. Il faut porter sur soi la preuve de qui l'on est, afin de pouvoir montrer en quelques secondes qu'on a le droit d'être où on est. Et si fort qu'on en ait envie, on ne peut pas imputer seulement cet état de choses à la dérive autoritaire dans laquelle tout pouvoir se jette avec une spontanéité touchante, on ne peut pas y voir qu'un signe de sa voracité d'organisme qui veut croître sans répit dans l'espoir douteux de repousser ou de conjurer sa mort. La paranoïa, le manichéisme sont des formes de complaisance qui rétrécissent trop le champ de vision pour que j'accepte de m'y cantonner. La vérité, c'est que nous sommes trop nombreux pour nous passer de frontières. Sans ces laissez-passer, sans ces gardiens veillant dans une austérité de statues à tous ces seuils, il n'y aurait plus d'endroit tranquille ou de région respirable. Car il n'est pas compliqué de voir que certaines sont plus favorables à la vie, et que nous n'avons pas, ni nous autres, ni les hommes, ni les autres animaux, de racines qui nous retiennent. Si on les laissait faire, les gens fuiraient sans préavis une vague de chaleur qui n'a pas non plus jugé bon de donner de préavis, ou bien une montée des eaux lancinante, leur pauvreté sempiternelle, les lois qui les empêchent de coucher avec qui ils veulent, et ils viendraient se réfugier en masse dans des régions où on ne les attend pas, et qui sont incapables de les loger ou de les nourrir. Sans les bracelets d'identité, on ne saurait jamais si les hommes qu'on voit marcher dans les rues ou dans de mauvaises baskets sur le goudron des routes mettent à profit des moments de liberté ou sont des fuyards qu'on surprend après qu'ils ont abandonné leur travail ou leur maître. C'est parce que les gens sont incontrôlables et ne pensent qu'à eux-mêmes, égoïstement, à leur seul sort individuel, qu'il a fallu instaurer des contrôles. Et celui qui dit cela peut le faire sans le sentiment désagréable de jouer au moraliste, puisque tout en disant cela lui-même ne pense qu'à lui-même, c'est-à-dire à Iris.

Bientôt je me suis retrouvé en réunion. L'ordre du jour était un peu plus démentiel encore qu'à l'ordinaire : la loi sur la fin de vie passe en séance à l'Assemblée d'ici quatre jours, et nous n'avons même pas entériné la liste des amendements que nous souhaitons intégrer. Il y a encore une réjouissante foultitude de points juridiques à trancher ; des articles à reprendre sur la forme maintenant que le cabinet nous a fait tous ses commentaires. En d'autres mots, et selon la loi de l'emmerdement maximal, qui s'applique elle depuis des temps immémoriaux et ne connaît pas de restriction notable, l'accident d'Iris ne pouvait pas tomber à un pire moment. Nous ne sommes que trois rapporteurs, nous avons juste le temps de boucler, et une fois que le texte sera prêt, il faudra relancer la chasse aux voix et aux déclarations de soutien, car pour l'instant, d'après tout ce qui remonte, il est clair que la loi ne passe pas.

Est-ce que j'aime ce travail ? Quelle idée saugrenue de se demander ça... Disons que c'est compliqué. Je crois que je m'y sens utile. Il est trop lourd, bien sûr, mais du coup il permet de peser. Avant tout, c'est ma nomination au comité d'éthique qui m'a mis en état de quitter mon poste d'inspecteur, et ça il n'était pas trop tôt. Cela faisait deux ans que nous avions Iris. Puis Yanis grandissait, je ne voulais plus multiplier les tournées, être parti aussi souvent loin de la maison. J'avais le sentiment de passer à côté de sa jeunesse. Je suis peut-être passé à côté, d'ailleurs. Sinon je l'aurais déjà appelé pour le tenir au courant. Je ne sais pas s'il accepterait de m'aider sur ce coup-là sans en parler à sa mère. Quand elle apprendra ce qui est arrivé... Saskia sera triste peut-être. Mais elle risque aussi de triompher, de rappeler combien de fois elle a dit qu'Iris nous causerait des ennuis. Je pourrais lui rappeler, à mon tour, qu'elle n'a pas toujours pensé cela, mais je commence à comprendre, même si j'y ai mis le temps, que ça ne sert à rien de se battre avec des gens que le désamour a fait changer de manière de voir les choses. Enfin... Le travail à l'inspection agroalimentaire, c'était très fatigant. On voyait des choses déplaisantes, dont je ne voulais plus qu'elles existent, et qu'en tout cas moi je ne voulais plus voir. C'est peut-être surtout pour ça que j'ai soumis ma candidature au ministère. Ici aussi, il y a de la violence. Le décorum n'empêche pas les gens de se comporter de façon sordide, mais il les pousse tout de même, en général, à donner à leurs petites manœuvres quelque chose de feutré et d'un peu élégant. Et si les victimes qu'ils abattent ont parfois du mal à dormir, ou se bourrent de médicaments, du moins ce ne sont pas des cadavres vidés de leurs viscères et ouverts de tout leur long.

Autour de la table, les arguments fusaient, un ton trop haut je crois. Malgré mes efforts, ma conscience des enjeux, je n'arrivais pas à écouter. Le bruit de fond du danger s'amplifiait par moments en moi en un déferlement de basses jusqu'à couvrir toutes les prises de parole. L'intérêt général, il ne peut pas rivaliser, le pauvre, quand se trouve menacé un bonheur si palpable et concret qu'on tenait entre ses mains. Quel sens cela pouvait-il avoir, d'ailleurs, de se battre pour accorder aux hommes une dizaine d'années d'existence supplémentaire si celle qui comptait le plus pour moi mourait dans les trois jours ? Nous sommes toujours dans notre vie, quels que soient nos efforts d'imagination, jamais dans celle des autres ; coincés dans notre corps, capables tout au plus de caresser ou de pétrir ceux que les autres cambrent vers nous.

La réunion : étrangement, bizarrement, pas de corps qui se cambre et s'offre ; des têtes qui pensent, des bouches qui parlent. Ça se prolongeait. Ça nuançait, ça jurisprudençait et contre-argumentait. Je ne tenais plus. Il n'y avait pas une minute à perdre et j'étais bloqué là, sur cette chaise, à cette table, parce que mon absence aurait éveillé des questions, puis le cas échéant des soupçons, et que c'était tout de même ici que j'avais les meilleures chances de trouver quelqu'un pour me tirer d'affaire. C'est la beauté de nos ministères, reconnaissons. Il n'est pas de lieu où les gens maîtrisent mieux l'art sans vergogne et méticuleux de la combine, mais pas de lieu non plus où il soit plus important de combiner en donnant l'impression qu'on se conforme strictement à la loi, comme si la loi sonnait et résonnait en nous, de jour et de nuit, telle la voix de la conscience.

Alors j'ai fait le tour des visages. J'ai cherché à en repérer un dont je pouvais prendre le risque de faire un visage ami. Car l'ami véritable, l'ami sans autre forme de procès, je ne suis pas sûr d'en compter un seul au sein de cette noble institution. J'ai des alliés conjoncturels, des gens avec qui je partage des combats, ou à qui je peux rendre service. Mais quelqu'un de prêt à se mettre en danger pour moi, même si ce que je lui demande de faire va contre ses convictions, et sans que j'aie rien d'un peu sérieux à lui proposer en retour… Après avoir passé en revue les vingt qui étaient là, je me suis dit à tort ou à raison que la seule personne à qui je pouvais me fier, c'était, cela restait Hakim Dotzer. Nous avons fait équipe deux ans à l'inspection. Il était là, surtout, le jour où j'ai rencontré Iris, et même s'il n'est jamais revenu sur le sujet, il doit bien la porter en lui, se la rappeler dans un coin de sa tête, l'horreur. Parce que l'horreur ce n'est pas comme la loi, je pense ; c'est fort et autrement plus fort : ça ne s'oublie pas.

Tandis que nous sortions, donc, certains ont dû remarquer que Malo Claeys prenait à part Hakim Dotzer. Je lui ai demandé si cela le tentait d'aller marcher ; il a dû croire, et les autres du même coup, que je voulais recompter avec lui les voix qui nous manquaient, ou discuter des exigences qu'il valait mieux abandonner pour retourner d'autres membres de l'Assemblée. Il a obtempéré d'un discret signe du menton, et dix minutes plus tard, après avoir remonté les couloirs où on ne peut pas parler car entre les murs tout se sait, nous avions de nouveau du ciel au-dessus de la tête. En descendant les marches du ministère, nous avons pris d'instinct cette diagonale qui doit paraître absurde quand on voit les silhouettes de loin, mais qui a ces jours-ci le mérite de faire passer au large des groupes contestataires : ils avaient beau être séparés par des agents de sécurité qui les empêchaient d'en venir aux mains, ils s'écharpaient tout de même, bouches tordues et vitupérantes, comme si les débats sur le réseau ne satisfaisaient plus leur pulsion rhétorique et qu'ils avaient besoin de se défier du regard, de s'expliquer face à face pourquoi ils défendaient les uns les droits des hommes, les autres le maintien inentamé de notre suprématie, et surtout pourquoi les piliers de l'ordre social crouleraient si les salopards de l'autre camp avaient le malheur de l'emporter.

Nous nous sommes éloignés. C'était le genre de bons jours où le smog se tient haut et où le ciel bleu par moments devient plus qu'une idée. Le soleil tapait même un peu fort sur le crâne. En temps normal, je m'en serais réjoui, mais j'étais l'animal blessé qui sort de tout un hiver, qui cligne des yeux, qui n'a pas fait sa mue, et je craignais surtout qu'il n'amoindrisse mes capacités de réflexion en m'assenant une sorte d'insolation mentale. Nous avons longé le boulevard planté de tilleuls en fleur, que les abeilles venaient polliniser depuis leurs ruches du terre-plein central. Voyez-vous ça : le miel désormais se fabrique aussi au milieu du béton. Ce bourdonnement, dans l'air. Ce vibrato rassérénant, qui prouve que nous sommes en bonne voie, que nous allons réussir, sans doute, pour un moment, à sauver les insectes. C'est ici la zone de la ville où nous avons fini d'enfouir les conduites d'eau, et d'électricité, et la circulation il y a maintenant quinze ans. *Voluptas* en surface, *commoditas* dans les sous-sols, comme les hommes urbanistes le psalmodiaient déjà. Cette absence de voitures, c'est l'agrément de travailler dans le centre, même si ce qu'il a d'encore neuf, d'un peu aseptisé, peut provoquer je pense une autre sorte d'asphyxie. Lorsque mon père était à l'hôpital, tout à la fin de sa carrière dans les travaux publics, en train de mourir d'une de ces maladies respiratoires que nous affectionnons ici, et qui ne lâchent pas les gens, surtout dans ce corps de métier, il ne s'était pas départi de sa manie des aphorismes, et il disait… il disait : Ne t'inquiète pas, Malo : le réel trouvera toujours une manière ou une autre de t'étouffer.

Alors les naïfs regardent les tilleuls, les ruches, les parterres de fleurs sages, et trouvent tout ça très beau car c'est la vérité. Ceux qui se rappellent la manière dont s'est déroulé le chantier avancent peut-être avec l'œil moins badaud. Il va de soi que dans ces pays où il y a manifestement trop de monde, tenir les délais impartis, quand il s'agit de désengorger la ville, d'y rendre le chassé-croisé des corps plus fluide, est un enjeu assez crucial pour qu'on fasse preuve envers ceux qui bon an mal an y parviennent d'une certaine indulgence si tous les ouvriers qui ont été embauchés au départ ne sont plus là pour trinquer le jour de l'inauguration. Après, une fois que le chantier est livré, que l'herbe pousse sans rien demander à personne, à quoi sert-il encore de se chamailler pour savoir s'il y a eu dans l'affaire des dizaines de victimes, comme le disent les maîtres d'ouvrage en invoquant le quota de perte auquel ils ont légalement droit, ou plutôt des centaines, comme on peut être conduit à le penser, sans voir le mal partout, à regarder défiler les centaines de familles ? Mon père pensait que c'était important, qu'il fallait recenser chacun des nôtres resté au fond, et même, avançait-il, chacun des hommes. Mais mon père était ce qu'on appelle dans mon milieu professionnel un pinailleur – on me l'a répété souvent depuis, et cela ne m'étonne pas, car à ce moment-là il est peut-être possible de dire que je dois tenir ça de lui.

Spontanément, les pas d'Hakim ont obliqué vers un des bistrots qui nous font office de QG. Il y en a toute une ribambelle, où se retournent les alliances, où s'arrachent sous la menace les ultimes concessions, et où la pire chose qui puisse vous arriver (puisqu'ils servent avec un sourire de commande et ne ratent jamais les viandes grillées) est de vous retrouver assis non loin des personnes que vous comptiez justement descendre en flammes avec entrain de l'entrée au dessert pour vous détendre un peu. C'est tout un microcosme. J'y participe, j'avoue, j'en suis dans une certaine mesure, de ce monde, il serait ridicule de le nier, mais j'ai toujours le sentiment, je ne sais pas trop pourquoi, d'y être tenu ou de m'en tenir légèrement à l'écart. Quoi qu'il en soit, j'ai fait signe à Hakim que je ne voulais pas entrer, que nous allions plus loin.

À travers le lacis des rues commerçantes, où s'alignent les cavistes, les épiceries et les boucheries, nous sommes entrés très vite dans un quartier plus sale et plus vivant de la ville. D'une placette à l'autre, les gens déjeunaient en terrasse, tout en laissant leurs yeux flâner sur les marchés qui allaient battre leur plein durant une ou deux heures encore. Ce n'est pas tellement pratique pour faire ses courses, ces rues étroites. Ce qui nous y séduit, c'est que l'hédonisme qu'on y respire est celui du monde ancien, d'avant notre arrivée, du monde d'ici tel que nous ne l'avons pas connu. Nous venons là avec l'espoir tacite que les vieilles halles, les pavés inégaux et les phrases de toujours que s'échangent clients et marchands auront le pouvoir de donner aux aliments que nous achetons et aux moindres propos que nous tenons la patine d'un tableau de maître. Nous suivons leurs coutumes, sans pouvoir nous défaire de l'impression que ce mimétisme est entaché d'un mauvais goût de parvenus, qu'ils accompliraient, eux, les mêmes gestes avec plus de simplicité et de distinction, tandis que nous restons dans une forme de simulacre.

Plus loin, devant les bains publics, des hommes juchés sur des escabeaux effaçaient les gigantesques graffitis de résistance dont on avait couvert les murs durant la nuit. Ils avaient presque terminé le travail, je n'ai pas réussi à voir ce qui avait été écrit ou dessiné. Malgré la reprise en main, qui nous a été annoncée avec les effets de manches d'usage, j'ai plutôt l'impression que les graffitis se multiplient. Et il y a de grandes chances ou de grands risques, je me suis dit soudain, que des amis d'Iris soient impliqués là-dedans.

Comme je voyais qu'Hakim s'impatientait, j'ai commencé à expliquer, en remontant assez loin, en partant de ce jour que nous avions en commun – la boue tout autour du hangar, les peupliers qui tremblent au bord de la rivière – même s'il n'avait pas du tout la même signification pour lui et pour moi, mais dans l'idée tout de même qu'il voie de quelle manière tout cela avait débuté, comment j'avais été amené à réagir, pourquoi je m'étais pris d'affection pour Iris sans doute bien plus qu'il ne l'aurait fallu. Je lui ai raconté les étapes – la peur qui reflue, ou qu'on refoule, la naissance de l'amour et de la fragilité – pour qu'il ait le temps de se mettre à ma place et de se dire qu'une histoire analogue aurait très bien pu lui tomber dessus et l'envahir. Il écoutait, très attentif comme il sait être, et comme sont tout de même beaucoup de gens quand ils sentent qu'on a décidé de sortir de la parole banale.

Pendant ce temps-là, nous sommes entrés dans le parc. Il y avait, au-dessus de nous, de grands nuages en procession. La poussière se tenait tranquille sur l'herbe et sur les feuilles. Ce n'était pas encore ça, bien sûr, on pouvait espérer de la pluie et du vent qui la chassent pour de bon et nous procurent quatre ou cinq jours de répit authentique. Mais cela ne fait jamais que quelques dizaines d'années qu'on nous promet la maîtrise des nuages. Les solutions que les scientifiques explorent en la matière se sont avérées jusqu'à présent d'une efficacité aussi aléatoire que les danses de la pluie. À croire parfois, même si c'est difficile pour nous d'admettre une chose pareille, que la nature résiste, qu'on ne fait pas d'elle exactement ce qu'on veut.

Nous avons monté la colline, le sentier qui zigzague au milieu des piliers et des portiques en ruine. Je regardais nos ombres qui nous précédaient sans effort. Ce ne sont pas les fausses ruines des jardins romantiques, mais les ruines de la guerre. Dans le monde d'hier, c'est là que s'élevait la cathédrale. Elle a été salement endommagée par les combats. On aurait pu la reconstruire, comme on l'a fait ailleurs. Mais ici, en tout cas, les hommes eux-mêmes n'avaient pas l'air d'y attacher tant d'importance ; nous leur avions, apparemment, fait passer l'envie de croire en Dieu. S'ils avaient pu penser, dans les débuts, que nous étions une épreuve que leurs dieux divers leur envoyaient, la plus atroce d'une longue série, certes, mais une épreuve enfin comme ils en avaient connu d'autres, ils s'étaient mis depuis pour la plupart à considérer cela comme une défaite sans retour, un rapport de force inédit et humiliant que rien ne pourrait renverser. Cela leur devenait plus délicat, partant, de se croire les élus, les enfants choyés du démiurge. Alors on a enfoui la cathédrale sous ses propres gravats et sous ceux de tout le centre-ville. Il fallait bien, de toute façon, trouver une manière d'évacuer les décombres. Comme dans plusieurs autres quartiers, on les a rassemblés et on en a fait des collines que la végétation a prises. Du bâtiment originel, il subsiste une tour ébréchée, et quelques statues sentinelles qui font saillie sur les hauteurs.

Jusqu'à tout récemment, aussi, il restait l'ange. On le voyait de loin, se détacher formidable. Il ne souriait pas mais paraissait avoir confiance. Même s'il ne dominait que la désolation des hommes, il semblait avoir trouvé des raisons de veiller encore, et peut-être d'autant plus. Ce qui est arrivé à l'ange, ce qui a précipité sa chute, dans la mesure où on peut juger d'une histoire qui sûrement est encore en cours, c'est qu'il est devenu un symbole. Les partisans de la résistance en ont fait leur signe de ralliement. Il ne se tenait plus du tout tranquille comme une statue, il se disséminait, on retrouvait sa silhouette imprimée au pochoir ou graffée à la bombe aux quatre coins de la ville. Il était partout sur les murs, à promettre autre chose. Des voix se sont élevées pour demander qu'on l'enlève. La polémique a pris de l'ampleur, très vite. Certains trouvaient qu'on n'avait que trop tardé, d'autres qu'il aurait fallu être tout à fait idiot pour finir de transformer un simple bloc de pierre muet en une sorte de martyr. Le gouvernement a calmé le jeu, n'a plus rien dit là-dessus. Quelques mois plus tard, il s'est juste trouvé un jour où il n'était plus là. Est-ce qu'ils l'ont remisé quelque part ? Détruit ? Il n'y a pas eu de commentaires. Il avait disparu : c'est tout et c'est assez. En certains domaines de ce genre, les gens qui nous dirigent ne croient pas aux vertus du débat.

L'emplacement où se dressait l'ange est interdit d'accès, protégé par des barricades à cent mètres à la ronde. Des bulldozers sont en train de le réaménager, en d'autres termes de le rendre impraticable. J'ai été saisi, à voir cela, d'une rancœur indéfinissable, et puis d'une forme de honte, et d'une fatigue subite – de tout un tas de ces sentiments qui vous embarquent dans le noir sans vous laisser votre mot à dire –, comme si la machinalité avec laquelle ces engins mordaient les vieilles pierres et aplanissaient le terrain me confirmait que mon combat était perdu d'avance, que je me débattais ridiculement contre l'inévitable. Hakim a plus ou moins deviné ce qui m'arrivait. « Allez allez, Malo. C'est quoi l'idée en fait ? Je ne peux rien faire pour toi si tu n'expliques pas jusqu'au bout. » Il était là, la main sur mon épaule, à me brusquer pour m'aider.

Nous avons descendu l'escalier de la tour ébréchée – l'escalier trop étroit pour nous, les marches polies au fil des siècles par les pas de tous ceux qui nous ont précédés – jusqu'à parvenir dans la nef. C'est devenu une grotte où pleurent la vigne vierge, des flots intermittents de lumière poussiéreuse et le fracas de la grande cascade. Aux murs, l'humidité peint des fresques polychromes qui se superposent à celles des hommes, les effacent à moitié, renforcent leur aura avant de les manger tout à fait. Des enfants de notre espèce, éclaboussés d'eau et de soleil, escaladaient les stalles pour sauter la tête la première ou les genoux repliés dans le bassin du chœur. Parmi les innocents, couvert par leur excitation sans bornes et par leurs cris de plaisir, je me suis senti plus à l'aise pour parler de choses coupables. J'ai dit pour l'accident ; pour la jambe ; pour les opérations qui risquaient d'être retardées si je n'agissais pas. Est-ce qu'Hakim connaissait quelqu'un que je pourrais contacter pour refaire en urgence à Iris une identité acceptable ?

En face, le visage moucheté d'ombres d'Hakim Dotzer n'affichait pas de surprise. Il n'avait pas non plus l'air mal à l'aise que je lui demande ça. Mais lorsqu'il s'est mis à parler, il ne m'a pas caché son inquiétude. Si je me faisais prendre – je n'avais pas dû oublier ça, tout de même –, j'encourais deux ans ferme, et l'exclusion à vie de tout emploi public. Et au-delà de mon sort, parce que après tout ce que je faisais de mon temps sur cette terre, ça ne regardait que moi : dès que nous aurions bouclé en comité l'établissement du texte et que le projet de loi serait débattu, notre comportement risquait d'être scruté à la loupe. Si nos adversaires sentaient le vent souffler dans notre sens, ils n'hésiteraient pas une seconde à regarder ce qu'ils pouvaient trouver sur notre compte et à déclencher une campagne. Il y avait sûrement, à cette heure, des gens qui bousillaient leurs nuits pour monter à toutes fins utiles des dossiers contre nous, et d'autres qui cherchaient les relais médiatiques les mieux à même de grossir le moment venu les plus petites irrégularités jusqu'à les transformer en des crimes capitaux. Être en mesure de prouver par les faits que notre regard était biaisé, que nous défendions la cause des hommes au-delà de ce que dicte la raison, révéler que l'un de nous se laissait emporter par ses bons sentiments au point de cacher chez lui, au mépris de tout un tas de règles, une femme humaine d'élevage qu'il essayait de faire passer pour une femme humaine de compagnie, c'était ce qu'ils attendaient, c'était le genre d'affaire dont Martha Vacquet, Remigio Gutierrez et les autres n'auraient jamais osé rêver, flagrante, éblouissante, servie sur un plateau. Hakim avait un débit calme et ne montait pas le ton, mais il enfonçait le clou. Tout de même, je faisais de la politique, maintenant. Je n'étais plus un de ces inspecteurs anonymes qui bricolent de petits arrangements lorsque ce que dit la loi entre en contradiction avec ce que dit leur conscience. C'était faible et égoïste de ma part, c'était inquiétant que je n'accepte pas les sacrifices nécessaires pour me rendre inattaquable.

Je regardais la cascade, torrentielle, emplir le chœur et le haut du transept d'une buée diaprée. La vapeur d'eau se déposait sur différentes parties de mon corps sans parvenir à me rafraîchir. Hakim Dotzer maintenant avait la voix de celui qui conclut. Il tenait à me dire tout cela. Parce qu'il aurait aimé que je le fasse s'il s'était trouvé à ma place. Mais une fois dit tout cela, il comprenait, bien sûr. Et si j'étais certain de ce que je souhaitais, si ce n'était pas la nuit blanche qui divaguait en moi, ou la fatigue, mais le cœur qui sait ce qu'il veut et qui a convaincu la tête, il était prêt à me venir en aide.

Au plus fort de la chaleur du jour, sous la laque dure et blanche du ciel qui s'était refermé, je suis arrivé à l'adresse que m'avait indiquée Hakim. C'était dans une de ces banlieues où la ville peu à peu s'espace, s'abaisse puis se délite. De maigres parcelles de terrain vague trouaient l'alignement de ces maisons aux couleurs pastel, qu'on aurait pu croire vides. À peine si l'on devinait, dans l'ombre du salon, le soliloque d'écrans qui n'exigeaient aucune forme d'attention et n'appelaient pas de réponse. Ou bien c'était, ici ou là, entraperçue, tout juste réelle, une main qui rajustait un store ou sortait une seconde entre les battants des volets mi-clos pour cendrer sur le rebord de la fenêtre. En traversant ce quartier endormi et aussi résidentiel que la mort, j'avais conscience d'être plus visible que de raison, mais je n'avais pas le choix. Le faussaire qu'Hakim Dotzer avait appelé pour moi n'acceptait de faire passer ce travail avant ses autres commandes qu'à condition que je vienne le voir et lui expliquer la chose en personne. Un contact pris par le réseau – qui aurait pu me paraître préférable, car on ne s'y risque pas physiquement – laissait en fait beaucoup trop de traces, et trop indélébiles. Et cela faisait longtemps aussi qu'il ne traitait plus avec des intermédiaires, pour que ceux qui désiraient ce qu'il avait à offrir aient le temps de prendre conscience au plus viscéral de leur corps de ce que cela pouvait coûter.

Le lieu, c'était une casse ceinte d'un grillage haut de trois ou quatre mètres, où des véhicules vieillissants et des tombereaux de ferraille attendaient qu'on les recycle. À côté du portail, devant la baie vitrée crasseuse d'une sorte de loge d'accueil, quatre de mes congénères jouaient aux dominos sur une table en plastique. Un cinquième regardait, tournant à petits pas autour du jeu, avec le demi-sourire indulgent de celui qui en sait plus. De leurs mains poussiéreuses, mates, couvertes de microbrûlures en voie de cicatrisation, ils abattaient à tour de rôle leurs dominos au centre de la table avec des gestes d'une violence impérative, comme s'ils dévoilaient chaque fois des atouts ou des cartes maîtresses qu'ils n'avaient réussi à garder dans leur jeu qu'au prix de cent stratagèmes et d'une témérité invraisemblable. Même si, à mon passage, ils ont à peine levé un œil, cela ne m'a pas empêché de considérer que leur nonchalance était celle, étudiée et factice, de guetteurs qui ne me laissaient entrer que parce qu'ils me savaient attendu.

Sur la droite, le parking était tel qu'on me l'avait décrit, un bloc de béton aplati, aux murs tagués, sans fenêtres, replié sur lui-même comme une vieille forteresse. Passé un vestibule inoffensif, je me suis retrouvé sous les yeux de plusieurs caméras (ils fixent – ils ne clignent pas), devant une porte blindée qui se méfiait plus de ma petite personne que celles du ministère. J'ai dit le sésame. J'ai attendu. Ça s'est ouvert d'un coup et sans un bruit. À l'intérieur, plongé dans une pénombre qui tout de suite sentait l'encre, le papier et le plastique chauffé ou fondu, un atelier que rien ne permettait de soupçonner. Ils étaient deux silhouettes dans le contre-jour des lampes : un homme svelte aux mains fines et sèches, et une femme menue, sans formes, qui bougeait vite – tous deux personnes de mon espèce.

Après m'avoir fouillé de pied en cap, ils m'ont fait m'asseoir sur un tabouret à vis, puis m'ont servi un thé qui n'avait pas beaucoup de goût, mais qui faisait descendre de l'apaisement dans la gorge. J'ai reprécisé ce que je voulais : un bracelet d'identité flambant neuf pour une femme humaine de compagnie – Iris

Claeys – qui n'aurait pas dû en être une. D'une mimique d'évidence, le faussaire m'a fait comprendre qu'une demande de ce genre, sans être routinière, n'avait pour eux rien d'incongru. « Le cas se présente », a-t-il murmuré plusieurs fois, d'un ton rasséréнant. Seule l'urgence rendait ma requête un peu délicate. Il m'a expliqué, en quelques mots tranquilles, comment il s'y prenait pour graver les données, puis pour leur apposer des sceaux en tous points identiques à ceux dont usait l'administration pour garantir leur authenticité.

En même temps que sa voix, j'entendais la machine qui tournait dans la pièce d'à côté. Les autres ordinateurs et imprimantes se tenaient autour de nous comme des bêtes silencieuses, mais dont on sent que le moindre frôlement les tirera du sommeil. Pour faire les choses correctement, c'est-à-dire avec minutie, sans laisser subsister un seul défaut qui pourrait donner prise au doute et m'exposer à des *désagréments*, il fallait compter trois bonnes heures. J'étais libre d'attendre là – à feuilleter des magazines scrupuleusement intemporels sur les techniques de taille et de coupe des bonsaïs – ou de revenir plus tard, cela c'était à ma guise, tout à fait à ma guise, étant entendu simplement que l'intégralité des honoraires était payable d'avance.

Comme aller et venir me paraissait de nature à ajouter les risques aux risques, j'ai résolu de rester.

À la demande du faussaire, j'avais réuni sur une clé toutes les informations que je possédais sur Iris, et stipulé celles que je voulais voir figurer, qu'elles soient, d'ailleurs, vraies ou fausses, dans son nouveau dossier d'identité. J'allais lui tendre cette clé, je l'avais déjà sortie de ma poche intérieure, je la tenais entre le pouce, le majeur et l'index lorsque j'ai senti que quelque chose n'allait pas. Par un certain raffut dans mon système nerveux central, comme une migraine sur le point de le traverser de sa fulgurance métallique, j'ai été averti d'une présence alentour. Du monde. Beaucoup trop de monde soudain derrière la porte blindée. Au mur, une lumière rougeâtre a clignoté trois fois. La femme a laissé échapper un couinement de panique : une descente ; une descente, évidemment.

J'ai bondi dans la pièce d'à côté. Il y avait une autre porte de sortie, mais qui vibrait et retentissait déjà elle aussi sous des impacts répétés. Nous étions encerclés, faits comme des rats ni plus ni moins. Par un geste de refus, j'ai ouvert une des armoires qui contenaient les serveurs et le générateur électrique, j'ai rentré l'abdomen, je me suis fait mince pour me glisser là-dedans et j'ai tiré le battant à moi jusqu'à entendre un bruit de cliquet. Dehors, il y a eu un échange de coups de feu, confus, tout le chaos d'un corps à corps et d'objets qu'on renverse. Puis des pas qui piétinent sur le sol en béton, arpentent les pièces, font le tour. Je ne voyais rien, je n'osais pas respirer et j'entendais à peine. J'étais vrillé seulement de l'impression que d'une seconde à l'autre la porte de ma planque allait sauter, ou se trouver criblée d'une rafale. Des filets de sueur acides me dévalaient le dos et les flancs. Puis ça s'est calmé, peu à peu. Le silence est revenu.

J'ai laissé s'écouler du temps, vingt ou trente minutes, je ne sais pas, une accumulation de minutes assez longues en tout cas pour me paraître insoutenables, mais le silence s'était stabilisé, il ne bougeait pas. Pour retrouver mon calme, mon autre souffle, j'ai porté la main à mon nez et je l'ai ouvert plus largement en décalant les cartilages. J'ai pu me mettre alors à remuer des pensées nettement moins impulsives, plus positives, comme ce constat charmant qui consistait à me dire qu'en un seul jour ma vie était devenue une manière de cauchemar où je ne pouvais rien maîtriser. Est-ce que c'était ma faute si les deux autres s'étaient fait embarquer ? Est-ce qu'on m'avait suivi ? Est-ce que nous étions sur écoute, Hakim Dotzer et moi ? Non, non, ça n'allait pas : si on avait voulu m'avoir, il aurait mieux valu me prendre en flagrant délit. Les flics n'avaient pas l'air au courant de ma présence : ils auraient, sinon, fouillé avec plus de méthode, et ils n'auraient pas eu grand mal à me mettre la main dessus. Quant aux faussaires, ils avaient dû sentir que je n'y étais pour rien puisqu'ils ne m'avaient pas dénoncé.

À en juger par l'oreille seule, le silence se maintenait. Je me suis accroupi à force de contorsions, je commençais à regarder s'il serait possible de déverrouiller l'armoire de l'intérieur lorsque, une fois encore, j'ai senti une présence. Oh, c'était moins massif, plus discret, aérien, mais il y avait de nouveau des gens dans l'atelier. La serrure laissait un peu de jour, une fente horizontale, de quoi coller un œil qu'on plisse. J'ai regardé. J'ai vu d'abord des traînées de sang par terre comme de la peinture à la brosse. Puis sur la gauche, à la périphérie de mon champ de vision, là où il se brouillait : trois des nôtres, trois congénères qui venaient d'entrer. Ils n'appartenaient pas, cela se savait tout de suite, à la police ou à l'armée. Ils portaient les costumes gris que choisissent ou que subissent les gens imperceptibles, en dessous de manteaux dont les pans fatigués leur descendaient aux genoux. Ils avançaient en formation triangulaire, vigoureusement mais à bas bruit, comme des individus habitués à fureter, à tourner les angles pour voir aussitôt ce qu'il y a derrière, à ne jamais se tenir ensemble dans la même ligne de mire. En retrait à la pointe du triangle, il y avait celui qui gardait les mains dans les poches. À regarder sa bouche, entrouverte et pincée sous une moustache noire et drue, il semblait siffloter, et pourtant n'émettait aucun son. Les deux autres gardaient les bras libres, comme doivent le faire des auxiliaires.

Leurs yeux se rétrécissaient de vigilance. J'ai compris que c'étaient des rôdeurs. Ils avaient attendu que la police soit partie, ils venaient vérifier, en charognards consciencieux, appliqués, s'il restait quelque chose à prendre. Peut-être même étaient-ce eux qui, ayant repéré l'atelier, avaient donné les faussaires pour passer ensuite faire un peu de récup. Ils sont restés assez longtemps, à faire coulisser les tiroirs, à sonder les entrailles de cartons qu'ils ouvraient à coups de cutter. Par intervalles, ils échangeaient quelques mots inaudibles, d'un ton qui paraissait déçu. De petites choses dans leur attitude, que je sentais sans pouvoir les nommer, me renforçaient dans l'idée que c'étaient des gens à vif, prêts à tout, auxquels seule la rancœur donnait encore une colonne vertébrale.

Enfin ils se sont éclipsés.

Et moi, après une autre quarantaine d'immobilité et de silence, pantelant et à bout de forces, j'ai pu m'extirper de ma cachette.

C'est – ensuite – être assis sur une chaise, le cœur dans le vague, cognant comme celui d'une bête encore traquée, dans la lumière de fin d'après-midi, à attendre que les yeux d'Iris s'ouvrent. Car après des tours et des détours, en m'assurant cent fois que je n'étais pas suivi, je n'ai pas pu m'empêcher de retourner à l'hôpital. Aucun médecin n'était en vue dans les couloirs, c'est l'infirmière qui m'a donné et commenté le procès-verbal d'opération. Au bloc, ils avaient vite été conduits à constater qu'il ne servirait à rien de sauver le bas de sa jambe : les os avaient trop souffert, les nerfs étaient irrattrapables, les chairs déchiquetées et déjà enfoncées dans la mort. Sur le coup de quatre heures, on l'avait amputée à mi-mollet. Elle avait tenu le choc. Cela s'était passé aussi bien que cela pouvait. Une fois que j'aurais complété son dossier, et si ses antécédents le permettaient, et que son état restait stable, et que j'avais les moyens de financer cette opération lourde, il allait être possible, à toutes ces conditions, si je le désirais bien sûr, d'envisager une greffe. Est-ce que j'avais déjà, d'ailleurs, pu rapporter ce qu'il fallait ? J'ai répondu que les choses suivaient leur cours – puis, prétextant en adulte responsable qu'il ne restait plus beaucoup de temps avant l'heure de la fin des visites, j'ai filé droit à la chambre d'Iris.

Presque aucun bruit, aucun mouvement. À peine un souffle d'air qui remuait le voilage. Et malgré cela. Je me suis dit qu'aucun calme désormais ne me paraîtrait fiable. Des draps grisâtres ne dépassaient que son bras droit, barré de gros morceaux de scotch qui maintenaient les tubes de perfusion, et là-haut son visage. C'était étrange pour commencer de la voir allongée sur le dos, elle qui ne dort paisiblement qu'en chien de fusil, ou en tout cas le visage caché dans la masse de ses boucles. Assis à côté d'elle, j'ai créé du silence pour me mettre peu à peu au rythme de sa respiration. C'était bon déjà de retrouver cela, une complicité sans gestes et sans paroles. Son visage dégagé était ovale et lisse comme une pierre douce, mais d'une teinte un peu cireuse, et froncé par saccades d'élans de douleur que j'aurais voulu ressentir à sa place. Elle a combattu et vaincu, quand j'ai pressé sa main, quand elle a vu qui était à son chevet, la lourdeur de ses paupières. Ses yeux de nouveau étaient là. Ils n'avaient pas, bien sûr, leur aspect de vif-argent, pas l'enjouement et le rire intérieur qui leur font prendre ces angles obliques auxquels personnellement je n'ai jamais su résister. Mais en cherchant derrière leur brume, il y avait cette lueur vert d'eau, un peu éteinte peut-être, mais bien à elle, et qu'un peu plus de lumière tombant dans le monde ou de force resurgissant de son cœur suffirait peut-être – c'était l'espoir – à ranimer. « C'est bien que tu sois là », m'a-t-elle dit simplement. J'ai hoché une tête déconfite. Nous étions là comme deux idiots à retenir nos larmes. « Tu partais pour de bon ? » Elle a secoué la tête, prise dans des phrases qui s'étranglaient. « Non... Je ne sais pas... Je n'avais rien prévu. J'ai déconné. Je n'en pouvais plus, c'est tout. Je ne voulais plus qu'on se laisse faire. » Et puis, volontaire, affrontant : « Qu'est-ce qui m'est arrivé ? »

Je lui ai raconté, en choisissant les mots comme on ramasse sur une plage de galets ceux qui semblent les plus ronds, ceux qui sont comme ses joues. Et en les alignant devant elle, je me suis rendu compte que vraiment je les comptais comme si chacun pouvait être le dernier, que les bavardages et les futilités étaient définitivement derrière nous. Elle ne se souvenait de rien, il n'y avait dans sa mémoire aucune marche vers un but précis, ni crépuscule ni bas-côté, aucun camion qui éblouit et qui écrase – mais elle doutait que l'accident ait été un hasard. Il se pouvait qu'on l'ait repérée. « Ça nettoie beaucoup, en ce moment. » J'ai pris la mesure de la nouvelle, avalé ma salive, poursuivi d'une voix plus basse. « Et tu étais assez active pour être sur leur liste ? » Iris : « Je l'étais devenue, oui. » Et moi : « Tu aurais pu me le dire. – Je ne voulais pas que tu t'inquiètes. C'était un choix à moi. – Je ne dis pas que tu devais. Je dis que tu aurais pu, tu sais. »

Nous avons parlé encore un moment. J'étais tantôt l'adulte qui prend connaissance d'un problème et demande plus d'informations pour savoir comment procéder, tantôt comme un enfant qui a besoin qu'on l'éclaire. Je lui ai raconté ma mésaventure de l'après-midi, et décrit les rôdeurs. Est-ce que ces figures-là lui disaient quelque chose ? La bande des trois, leurs yeux charbonneux, affairés et perdus, le type à la moustache brune, elle avait dû déjà les croiser quelque part, oui. Elle ne savait ni quand ni où. De toute façon, il y en avait de plus en plus de ce genre, et qui se ressemblaient tous un peu. C'étaient ceux des nôtres qui craignaient que les hommes, en acquérant de nouveaux droits, ne deviennent leurs égaux. Les scrupules que certains exprimaient quant au recours à la violence étaient dorénavant tombés, pour peu qu'elle reste clandestine. Ils ne lynchaient pas en place publique, jusqu'à présent. Ils faisaient des maraudes, embarquaient tous ceux qu'ils pouvaient, les faisaient disparaître. J'ai poussé un soupir. Bien sûr, ce monde a tout pour plaire. Mais à l'heure qu'il était, en fait, ce n'était pas là le principal. Il y avait surtout cette demoiselle à qui il fallait des papiers. Iris m'a regardé alors. Elle s'est redressée sur l'oreiller. J'ai vu, à cet instant, la lueur qui revenait et de nouveau se mettait à jouer dans ses yeux. Elle a dit : « Je sais qui tu pourrais appeler. » J'ai laissé encore du silence. J'ai attendu. Et au bout du silence, d'une voix distincte, basse, qui refusait de trembler, elle a lancé ce nom : « Léo Ostias. »

4

Un jour, entre les hommes et nous qui sommes stellaires, il y a eu rencontre. C'était sans doute inévitable. On ne peut pas rester toujours sur le rivage. Et après cette rencontre, il y a eu des massacres, bien sûr. De grands massacres. Des années où les morts étaient trop nombreux pour qu'on les compte encore, ou qu'on en sache les noms. Il ne sert à rien de le nier. À rien non plus de s'y attarder. Ce n'est pas ce que nos historiens ont voulu retenir de nos débuts ici, ou ce que nous avons décidé de transmettre à nos enfants. Aux esprits critiques qui affirment que nous aurions pu avoir la main plus légère, une majorité d'entre nous, agacée, agressive, à vif sur le sujet, a coutume de demander à quoi cela peut leur servir, cette repentance, cette manière de gratter les abcès du passé alors que c'est le présent qui s'impose et qui nous sollicite.

Longtemps, je n'ai pas vu, quant à moi, pour quelles raisons alambiquées j'aurais dû me confondre en remords alors que je n'étais même pas né au moment des faits. Est-ce que l'on est censé défendre les actes de ses parents comme si on avait vécu avec eux et décidé comme eux ? Souvent, ce n'est même pas de nos propres parents qu'il s'agit – je ne crois pas, même si je peux m'illusionner là-dessus, que les miens aient tué ou donné l'ordre de le faire autrement que dans des cas de légitime défense –, mais des gens de leur génération qui se trouvaient alors aux commandes. Est-ce qu'exercer le droit d'inventaire, ne pas accepter que l'héritage fasse bloc, cela s'appelle trahir ? Et si tel est le cas, par quel mystère au monde trahir ses ascendants doit-il être jugé pire que de faire faux bond au sentiment du juste qui charpente notre conscience ?

Voilà le genre de questions qui font la ronde autour de moi. Beaucoup affirment que l'autocritique est un piège, que les autres espèces sont arrogantes, obstinément muettes quand on leur demande des excuses, et que c'est trop exiger, que c'est faire preuve en réalité d'une arrogance plus grande encore que de croire que nous devrions être l'exception, la seule espèce à avouer ses erreurs. Est-ce que les hommes s'en voulaient, eux, de saloper la planète au nom de leurs appétits prétendument inextinguibles ? Certains, sûrement, un peu, mais combien à vrai dire ? Combien se sentaient responsables ? Combien acceptaient de limiter leurs désirs ? Combien n'en dormaient plus la nuit ? On se rend compte, en creusant, que personne n'est d'accord avec personne quand on en vient à ces sujets. C'est le motif à tous coups de l'engueulade entre amis, avec argumentaires, dérapages rhétoriques, vannes qui appuient là où on sait que ça va faire mal, réconciliation passionnelle dans des nuits blagueuses au cœur ivre où ces divergences ne comptent plus. Mais je maintiens, bien sûr. Je maintiens et je maintiendrai, je serai inébranlable. Je suis convaincu dorénavant que critiquer sans complaisance les siens, ce n'est pas s'autoflageller, faire éclater sa chair en plaies que rien ne referme, mais faire la preuve de sa force, au contraire. Car tout vivant dans ce monde veut vivre. Et le vivant qui se critique, il affirme simplement qu'il se sent en mesure de survivre à la critique.

Alors, face aux pudiques qui parlent d'une colonisation qui ne s'est pas faite en un jour, ou sans difficultés, il faut dire la guerre qu'il y a eu, et les victimes, et les corps qu'elles avaient. Car même si ça n'était pas nous, pas nous directement, pas nos parents non plus, cela s'est fait en notre nom, et je suis persuadé, et j'ai dit à Yanis quand il était tout jeune déjà, et Yanis a compris et aujourd'hui, adulte, poursuit sur la même ligne, que nous devons en porter la responsabilité.

Avoir beaucoup tué, du reste, ne suffit pas à faire de nous des tueurs. Je sais, pour en avoir parlé à des gens compétents, que c'est sans malignité que nous avons accompli le gros du travail : notre errance nous avait frottés à tellement de mondes que nous étions porteurs, à notre insu, de virus et de toute une faune bactérienne auxquels nous avions eu le temps de nous accoutumer, mais qui se sont avérés dévastateurs pour certaines des espèces que nous avons trouvées ici. On fait souvent le mal qu'on ne veut pas. Souvent on vise l'ennemi et ce n'est pas l'ennemi qui tombe. Parfois on ne vise même pas et il y en a qui tombent quand même.

Ce n'est pas aux hommes, d'ailleurs, que ce choc a été le plus fatal. Au cours du siècle précédent, les oiseaux peu à peu avaient déserté les villes et les campagnes. Dans les rues saturées des métropoles ne voletaient que les plus ternes, les plus pouilleux, ceux qui résistaient à tout le catalogue des maladies et des mutilations. Dans les campagnes, pour créer des exploitations où les machines ne se heurtent à rien, on avait rasé les bosquets, les haies qui leur servaient d'abris. Et quand bien même ils auraient pu se poser là, la terre alentour était morte, durcie en mottes compactes, vidée de son petit peuple de vers, d'araignées et d'insectes par la violence des pesticides qui ne font pas dans le détail, et capable de produire seulement sous l'effet calculé et pour certains rentable de tonnes d'engrais chimiques. Ailleurs, entre les lignes des tropiques que l'esprit dessine mentalement, là où le globe bombe l'abdomen, les oiseaux battaient en retraite devant les progrès année après année de la déforestation, se regroupaient, effrayables, invisibles, très souvent silencieux, dans la canopée des forêts hantées par la pluie et la brume. Mais avec nous, toute cette prudence et ces mouvements de retrait n'ont plus suffi. Peu à peu, sans combat, et sans que nous l'ayons voulu le moins du monde, c'est pour de bon qu'ils se sont tus. Ils sont tombés des branches, les uns après les autres, sans mains pour les recueillir, sans souffle d'air pour les freiner, comme s'ils nous reconnaissaient, parce que nous venions de si loin, une tout autre maîtrise du ciel. Comme s'ils avaient compris, après s'être crus altiers, invincibles, capables du tous azimuts, de survoler, donc de ne connaître aucun obstacle, qu'en réalité et en somme ils n'avaient rien tenté, jamais, qu'ils avaient toujours volé bas, sous la couche des nuages, infiniment plus près de la terre que du soleil. Que notre habileté à naviguer d'une étoile l'autre, même avec une lenteur qu'ils ne s'imaginaient pas, des avaries, des doutes qui rongent et toutes les peines possibles, que cette habileté tout de même entérinait la vanité, le non-sens de leur existence.

Cette disparition, nous l'avons d'abord à peine remarquée dans la bataille. Nous n'avions pas encore fait leur connaissance et commencé à les recenser que déjà ils n'étaient plus là. C'est plus tard, en parlant aux hommes que cette absence soudaine stupéfiait et mettait mal à l'aise, que nous avons cherché à comprendre quels virus nous leur avions transmis à notre corps défendant. Je ne dis pas – écoutez – qu'il ne reste pas d'oiseaux. Peut-être y a-t-il quelque part une montagne aux routes rares et étroitement bordées de jungle, interrompues tous les dix kilomètres de coulées de boue et d'éboulis, où le langage qu'ils emploient est le seul à saluer le retour du soleil. Il est probable, à l'instant où j'écris ces mots, qu'un oiseau sur sa branche tourne sa tête d'une merveilleuse délicatesse à petits coups secs et vifs et se rende compte, à une certaine pesanteur de silence autour de lui, au nid tombé par terre pendant la nuit et dont les œufs se sont brisés, qu'il sera sans doute, dans la région où il habite, le dernier de son espèce. Je n'affirme pas qu'ils sont morts tout à fait, mais qu'ils ne sont plus comme autrefois tout un règne du vivant, que ce monde a perdu par notre faute et sûrement sans retour ceux qui traçaient dans tous ses ciels, dès qu'on levait les yeux, leur signature rapide.

Un jour, entre les hommes et nous qui sommes stellaires, il y a eu rencontre. Lorsqu'ils se sont rendu compte que nous vivions plus longtemps qu'eux, que nous résistions mieux à la fatigue, à la douleur, que notre force physique les faisait passer pour de petites choses aussi fragiles que l'étaient pour eux le cou des lapins ou le crâne des moineaux – alors que nous ne nous comprenions pas, que nous n'avions aucun moyen de les renseigner sur nos intentions –, ils ont pris peur, ils se sont dit que c'étaient eux ou nous, qu'il fallait nous détruire sous peine de se voir éradiqués.

On rapporte que ce sont eux qui ont lancé les premières offensives. Personnellement, je ne les accuse de rien. Ils sont si idiots, ces débats qui consistent à se demander qui a commencé, quand on sait que ç'aurait pu être l'un même si ç'a été l'autre, qu'il y avait une situation, que tout était tendu, inflammable, qu'il suffisait d'un rien pour que l'hostilité diffuse se cristallise et que s'ouvrent les hostilités. Quand on ne se comprend pas, quand une langue – la nôtre – se confronte à toutes les leurs sans trouver de mots communs, que chaque mot est un objet que l'on vous dépose dans la paume, dont vous ne savez pas l'usage, qui vous encombre d'une responsabilité que vous n'avez pas demandée, qui vous paraît vaguement désagréable ; quand le langage des gestes lui-même renonce, que le haussement d'épaules qui chez nous se fait en manière d'excuse passe ici pour une marque de mépris, que tourner le dos, ici, c'est se désintéresser alors que nous avons l'habitude de le faire pour écouter avec plus d'attention – alors oui, il y a de l'intraduisible. Oui, les relations butent sur une série de malentendus, intensément énigmatiques, dont on ne sait pas où ils commencent, où ils s'estompent, dont on n'est même pas sûr que ce sont des malentendus, et qu'aucune patience en tout cas ne permet d'abord de dissiper. Et dans ces conditions, l'escarmouche arrive vite. Une fois qu'un premier corps s'est écroulé, et qu'on a constaté que rien ne le ramènerait à la vie, c'est la colère brute qui soudain et hors de tout calcul se cherche un exutoire, la volonté de venger le mort qui se met à vous brûler de l'intérieur, des affects dont on conclurait, si on y pensait quelques secondes, qu'ils vont provoquer d'autres morts, bien d'autres morts, bien inutiles, qui ne résoudront rien, mais justement on ne pense pas, la tristesse pousse, la colère troue la peau, on rassemble ses armes, on lance des cris de ralliement, on consent à l'absurde mêlée générale.

Ils aimaient la victoire. C'était leur petit fétiche, espéré, désiré avec une intensité qui était une folie. Ils se sentaient tous faibles, à leurs heures, trop vulnérables pour la condition que le hasard leur avait réservée, mais la victoire quand elle venait les nourrissait de l'impression contraire, les rassurait, leur assurait qu'ils avaient un destin, qu'ils n'étaient pas là par erreur, que des forces plus grandes et illisibles tenaient le compte de leurs exploits comme des parents qui s'extasient devant l'enfant qui marche ou parle, que la mort ne finirait rien, et que si les perdants n'avaient peut-être pas fait les efforts nécessaires pour mériter une autre vie, les battants, eux, se tiendraient dans le soleil et un jour seraient sauvés. Aussi, lorsqu'ils ont constaté, très vite, que le conflit tournait à notre avantage, qu'il n'y aurait pas de victoire cette fois-ci, et plus avant longtemps sans doute, et plus jamais peut-être, ils ont eu soudain dans la bouche le goût de sang et en tête le vertige douceâtre qui accompagnent les écroulements de visions du monde.

Les premiers mois, pourtant, nous avions décidé de nous retrancher dans la poignée de villes que nous avions conquises. Elles étaient assez loin les unes des autres pour qu'il soit difficile de les assiéger simultanément, mais reliées assez efficacement pour dessiner un début de territoire, qui était cohérent, que nous souhaitions faire nôtre, et dont, si les hommes à leur tour se montraient raisonnables, nous pensions tout à fait pouvoir nous contenter. Nous n'attaquions jamais. Nous nous bornions à repousser une à une leurs offensives, sans chercher à pousser l'avantage.

Peu de temps après, la pandémie a commencé. Le virus est passé des oiseaux aux volailles, et de la volaille aux hommes – ou bien d'emblée de nos corps aux leurs, cela, malgré toutes les enquêtes, on n'a pas pu le savoir, du moins jusqu'à présent. Quand les troupes stationnées autour des zones que nous contrôlions se sont mises à plier bagage, que leurs avions ont vidé l'horizon, nous avons compris que la situation était grave. Nous aurions dû, sans doute, intervenir plus tôt. Mais il n'était pas si facile de comprendre de quoi il retournait. Les prisonniers que nous détenions mouraient sans crier gare avant d'être en mesure de nous servir d'interprètes. Mon père n'a jamais oublié l'un d'entre eux, qu'il a veillé deux soirs de suite, alors que l'agonie le rongeait sur un lit de camp, et qui se contentait de répéter, dans notre langue puis dans la sienne, qu'il avait mal, que c'était atroce, qu'il se sentait partir. À toute heure du jour et de la nuit, nos chercheurs travaillaient pour déchiffrer au moins les rudiments d'au moins quelques-unes de leurs langues ; ils avaient accepté de faire une croix sur leur perfectionnisme et publiaient des articles inachevés, des séries d'hypothèses, des grammaires scandées de points d'interrogation où l'anxiété perçait. C'était, dans notre histoire, la première fois depuis longtemps que dépendait de la recherche en linguistique et d'un travail de traduction l'arrêt d'une catastrophe. Il fallait approcher les hommes, les convaincre de se laisser soigner.

De leur côté, ils avaient largement surestimé leur état de préparation. Il faut dire qu'ils n'avaient, jusqu'alors, jamais rencontré d'obstacle majeur à leur développement. Bien sûr, dans les décennies qui avaient précédé notre arrivée, ils n'avaient pas manqué de constater que la fumée de leurs usines et de leurs pots d'échappement tendait à se métamorphoser, là-haut, dans l'atmosphère, et à revenir les hanter, avec une fréquence inédite, sous la forme de cyclones qui mettent tout sens dessus dessous, de canicules où plus rien de l'air ne bouge, d'inondations où l'eau devient un désespoir. Dans ces cas-là, pourtant, les dommages pouvaient encore se relativiser. Les plus riches, qui étaient les plus gros pollueurs, les premiers responsables, se trouvaient du même coup aussi être les mieux logés, les plus mobiles, et ils réussissaient en général à se mettre à l'abri. Si, devant les caméras, ils ne quittaient plus le visage empreint de gravité qui marquait leur infaillible solidarité avec les victimes, ils étaient nombreux à ne pas pouvoir se retenir de penser, dans leur for intérieur, que cet écot que prélevait de la sorte la nature sur une planète notoirement surpeuplée n'était en fin de compte pas quelque chose de si profondément dramatique. Ces catastrophes, comme les conflits redondants et les épidémies qui avaient rythmé leur histoire n'étaient pas assez graves, même quand ils plongeaient un moment toute une région dans le chaos, pour ralentir durablement la croissance de leurs populations ou de leurs villes.

La pandémie que nous avons déclenchée était d'une autre ampleur. Leurs médecins avaient beau ne pas manquer de bonne volonté ou de sens du sacrifice, ils travaillaient en flux tendu et se trouvaient déjà débordés par l'activité courante. Le calme qu'ils avaient su conserver, à plusieurs reprises, face à une pandémie d'origine animale, en se fiant au réseau d'institutions en place, les quittait brusquement devant l'inquiétante certitude qu'il s'agissait cette fois d'un virus allogène. Au-delà des difficultés sanitaires, c'était une question de préparation mentale. Tant qu'ils pouvaient blâmer les animaux, cela relevait à leurs yeux de leur juridiction : la maladie qui se propageait tenait à l'entassement partout de bêtes impotentes et affaiblies, elle n'était pas porteuse d'une volonté de nuire. Cette fois-ci, au contraire, engagés dans cette guerre qu'ils avaient choisi de nous livrer, ils soupçonnaient une intention, comme si nous avions froidement et sciemment résolu de transporter le conflit sur le terrain bactériologique. Leur fébrilité virait à la panique. Il y eut, même dans le personnel hospitalier, même chez les militaires, beaucoup d'abandons de poste dans les régions où nous nous étions installés. Nous ne pouvions plus aller vers les hommes sans rencontrer d'abord leur peur. Elle les rendait méchants, ou pitoyables. Une fois encore, ce n'était pas leur faute. La mort était partout et se lisait sur leurs visages. Alors que nous venions en paix, nous étions devenus ceux qui tuent, et eux ceux qui se savent condamnés à mourir.

Avant de compter les regrets, les remords, les crimes, il faut donc faire la part des choses. C'est nous qui les avons décimés par notre simple présence, le fait n'est pas niable ; mais il se trouve que nous sommes aussi ceux qui les ont sauvés. De la maladie, d'abord, en concevant les vaccins adéquats. Et à coup sûr aussi, quoique plus subtilement, d'eux-mêmes. Car d'après les études qu'ils avaient eux-mêmes commanditées à l'époque, et qu'il n'y a pas de raison de soupçonner de partialité, il ne leur aurait fallu, au rythme où ils allaient, que cent cinquante ou deux cents ans pour rendre la planète inhabitable, engendrer un déclin subit de leur population, et pour finir sans doute se rayer eux-mêmes de la carte. Bien entendu, c'est là un état de choses qu'ils ont même aujourd'hui beaucoup de mal à admettre. Je peux comprendre. Il n'est – j'imagine – pas agréable d'être sauvé de soi-même. Mais décider de vivre à leurs côtés comme si nous étions des égaux, les laisser libres de récidiver chaque jour dans la folie, ne pas prendre le contrôle, en somme, cela se serait apparenté à de la non-assistance à personnes en danger.

Alors voyez. Je ne regrette pas de ne pas avoir connu tout ça. Je ne sais pas si j'aurais eu le cœur. Ni comment je me serais comporté. Venu au monde quinze ans plus tard, j'ai fait partie de la génération chanceuse. Lorsque mes parents se sont installés dans cette ville, il n'y faisait pas tout à fait bon vivre. Des sacs plastique traînaient le long des trottoirs, s'élevaient de temps à autre dans l'air comme les figures d'un ballet spectral, retombaient flasques et tristes au bout de quelques instants. La peur, la mort et le silence n'étaient troublés que par l'ahanement de véhicules isolés et lointains, ou par le tintamarre des chats qui fouillaient les poubelles. Les rats paradaient au milieu de la chaussée comme des soldats vainqueurs. Le moindre pas résonnait. Les habitants, prévenus de l'arrivée imminente des nôtres, s'étaient barricadés chez eux. Derrière une porte close, raconte encore ma mère, on ne savait jamais si on trouverait des gens malades et alités, ou prostrés de terreur dans le coin d'un grenier ou d'une cave, s'ils attendraient en comptant calmement les secondes sur une chaise, ou brandiraient d'un poing crispé le pistolet de la résistance inutile. Souvent, ce n'était rien de tout cela, mais la mélancolie des appartements vides, chargés encore de tous les signes de la vie qui les a animés, la vaisselle, les photos, une théière en fonte, un petit miroir de poche, une simple boîte en bois, un vase où le niveau de l'eau se devine à un cercle de traces calcaires, tous les menus objets qu'avaient touchés et déplacés mille fois, parfois au point de les polir, les mains de personnes qui maintenant étaient mortes ou qui du moins étaient parties.

Si l'on excepte la délégation venue annoncer aux nôtres que la ville se rendait, et les dernières bandes de snipers rebelles retranchées sur les toits, les seuls endroits où les gens s'étaient regroupés étaient les dispensaires improvisés dans des immeubles de bureaux ou dans des bâtiments publics. Indifférentes aux médecins et aux infirmiers qui titubaient de fatigue, des constellations de mouches décrivaient des virages imprévus au-dessus d'alignements de couvertures sales que gonflaient et raidissaient des cadavres immobiles. Les autorités avaient interdit aux habitants de brûler eux-mêmes le corps de leurs proches et avaient fait construire à la va-vite des incinérateurs dans les faubourgs de l'est, afin que les vents dominants ne rabattent pas ces fumées sur la ville mais les emportent plus loin à l'intérieur des terres.

Mon père, pourtant, a murmuré aussitôt à ma mère que c'était un lieu où s'installer, qu'il ne fallait pas chercher plus loin. Convaincu, par pessimisme ou réalisme, que le réchauffement enclenché par les hommes risquait de s'avérer irréversible, il se disait qu'il valait mieux se tenir loin des côtes menacées par la montée des eaux, et dans une région néanmoins tempérée, sous influence océanique, que les abominations de la sécheresse accableraient moins fréquemment. Sur le moyen terme – je dois à cela mon bonheur d'enfant – il ne fait pas de doute que le calcul était juste. En attendant, et cela les remplissait d'appréhension, lui et ma mère, c'était une ville notoirement indisciplinée, à l'histoire ponctuée de flambées de violence, comme si le tumulte du sang lui battait dans les murs, comme si un esprit de révolte devait y percer l'asphalte par intervalles à la manière d'une végétation que rien ne peut durablement contrer – et donc, une des villes où la guerre avait été la plus rude, une de celles où il allait être le plus difficile de restaurer nos relations avec les hommes.

Une fois la paix revenue et la pandémie maîtrisée, ils ont eu le temps de nous observer, enfin. Ils avaient, jusque-là, été trop occupés à nous combattre pour avoir le loisir de s'enquérir de ce que nous étions. Nous nous sommes avérés beaucoup plus semblables à eux qu'ils n'osaient en rêver, mais aussi, en un autre sens, qui ne s'approche pas en quelques mots, porteurs d'une différence nette et inaccessible. Cela les a rassurés, de prime abord, de voir que nous étions animés d'un souffle, que notre vie tenait à sa parfaite continuité, que nous le tirions du même air qu'eux, et que dans ce souffle nous devenions capables, au fil des jours, de leur parler leurs langues. Cela les a apaisés de constater que nous n'étions pas une horde indistincte, mais que nous formions comme eux des groupes stables et hiérarchisés, que nous connaissions les bricolages de la famille et de l'amour. Ils ont soupiré de soulagement en découvrant que selon toute apparence nous n'aimions pas non plus la mort, et que nous mettions beaucoup d'énergie à essayer de la repousser.

Ces ressemblances, du reste, se sont accrues à leur contact. Car c'est notre condition sans honte et sans fierté que d'être une espèce mimétique. Ou c'est la condition plus large de tout peuple nomade. S'il ne veut pas être chassé du nouveau territoire qu'il découvre et où l'envie le saisit de séjourner, il lui faut se fondre dans le décor – sous peine de voir son nomadisme reprendre plus tôt qu'il ne le voudrait. Nous avons voyagé. Nous possédons cet art. Comme les caméléons qu'on trouve encore dans certaines ménageries, nous nous adaptons en peu de temps à ce qui nous entoure. Dans la forêt, nous serions du genre à prendre la couleur des feuilles, à en changer au rythme symphonique des saisons ; de notre quarantaine sur les rivages, nous avons gardé des réflexes amphibies, et ce goût d'être accompagné par le clapotis de l'eau vers le repos ou le sommeil ; perdus dans une région de montagnes où aucune opiniâtreté ne permettrait de tracer des routes, je suis sûr que nous finirions par acquérir les réflexes des oiseaux. Nous sommes, c'est peu de le dire, plus perfectibles qu'eux – mais ce n'est pas seulement de cela qu'il s'agit. Nous avons surtout sur les hommes cet avantage considérable : nous ne *tenons* pas à une identité. Cela ne nous humilie en rien d'être malléables, influençables. Nous n'avons jamais cherché à comprendre ou à défendre ce qui n'appartenait qu'à nous, ce qui nous était propre, car il nous est apparu depuis longtemps que le difficile projet de vivre, quand règne une extrême pénurie, ne peut réussir qu'aux grands protéiformes.

Partout où nous nous sommes installés, nous avons renoncé à la tentation de faire table rase pour emboîter le pas des vivants qui nous avaient précédés, ou avec qui nous nous apprêtions à tenter la coexistence. Nous nous sommes coulés, autant que nous l'avons pu, dans les manières d'être qu'ils avaient inventées. Cette attitude, nous l'avons adoptée par souci de parcimonie, et puis dans l'intuition que des millénaires d'adaptation lente au milieu avaient conduit, sans doute, les autochtones les plus anciennement implantés vers les formes d'existence qui intégraient le mieux les contraintes que telle ou telle planète faisait peser sur la vie. Bien entendu, le respect de ce principe ne nous a jamais empêchés d'exercer le droit d'inventaire – et nulle part ailleurs il n'a été plus indispensable peut-être qu'à l'heure de regarder ce qu'il fallait conserver et nous approprier de la culture des hommes. Mais malgré tout. Mais dans l'ensemble. Parce qu'ils étaient ici chez eux, nous avons ici fait comme eux. Nous avons habité leurs villes, investi leurs maisons et leurs appartements. Nous ne nous sommes autorisés à démolir que là où ils avaient bâti trop vite ou manifestement en dépit du bon sens. À nos façons de mesurer le temps et l'espace, nous avons fait l'effort d'articuler les leurs, et puis assimilé avec patience la masse de leurs savoirs, ou repris leurs techniques d'exploitation des sols et de fabrication des objets – en les débarrassant, ce qui n'était pas rien, je l'accorde, de ce qu'elles avaient de court-termiste et de bêtement ravageur. Nous avons travaillé, travaillé. Il fallait travailler. Avec en tête, en ligne de mire, comme nous aimions à l'affirmer, ce que me répétait aussi ma mère, dès que j'ai été en âge de le comprendre : Tu construiras, toujours, tu ne détruiras pas. Nous l'avons dit, beaucoup. Mais le sens pas loin des mots, qui flotte, qui les entoure, leur donne cette aura folle, l'avons-nous entendu ? L'avons-nous transformé en chair, vraiment ? Je crains que nous n'ayons aussi reproduit, dans la foulée – et je devrai y revenir, que mon ventre se noue ou pas – beaucoup de leurs grandes erreurs.

Prenant la mesure, peu à peu, de tous les domaines dans lesquels ils avaient exercé leur ingéniosité, certains d'entre nous se sont mis à considérer qu'il n'était pas juste de les asservir, que les formes d'assujettissement que nous commencions à mettre en place pour eux n'étaient pas dignes de nous. Ne pouvions-nous pas envisager de les libérer et de vivre de plain-pied avec eux ? Il y a eu controverse – comme il y a controverse entre des gens qui aiment et savent controverser. On a méthodiquement tenté de penser ce que pourrait être pour les hommes une liberté conditionnelle, imaginé dans le détail les gages qu'ils devraient nous donner. Mais en fin de compte – alors que nous avions perdu tellement des nôtres, que notre sort ici semblait si incertain – le risque nous a paru trop grand. S'ils se révoltaient à nouveau, tombaient encore une fois dans le désastre de leur agressivité brouillonne, c'est notre survie elle-même qui se trouverait compromise. Et nous voulions tellement survivre. Et les équilibres de cette terre s'annonçaient si fragiles. Nous avons remis, pour finir, la résolution de ce problème *sine die* – en sorte que pendant très longtemps, de fait, il n'en a plus été question.

Quoi qu'il en soit, à marcher ainsi dans leurs traces, nous sommes devenus pour eux, tout autant que leurs maîtres, des sortes de faux jumeaux. L'imitation, nous l'avons poussée loin – certains diraient au-delà de l'utile, jusqu'au bizarre. Et par exemple. Nous qui n'avions jamais ressenti le besoin, pour nous reconnaître entre nous, ou parler de personnes absentes, d'utiliser des mots, le désir nous a saisis de prendre des noms semblables aux leurs. Lentement, comme on cherche sur un chemin des pierres pour faire fétiches, nous les avons choisis. Dans l'infini des recensements, des encyclopédies, des tombes pluvieuses de leurs cimetières. Nous avons pris l'usage de les transmettre, de père en fils, en fille, comme ils le font en général, pour attester le lien incertain, pour reconnaître. C'était un goût, peut-être, une mode, mais aussi un hommage. Car nommer est pour eux une affaire d'importance. Quand ils rencontrent une plante ou un animal jamais vus, captent, inédite, la lumière d'une étoile distante, et même qui sait déjà défunte, mettent le pied sur une grève où seuls d'autres animaux apparemment ont imprimé des traces, c'est leur geste réflexe – trouver en eux un nom et le prononcer distinctement histoire de voir comment il vibre. Ces baptêmes à tout-va se font, c'est entendu, dans la joie de découvrir, mais il n'est pas besoin d'y réfléchir longtemps pour se rendre compte qu'ils participent d'une urgence de mettre leur marque et de revendiquer, qu'ils sont une lutte contre l'inconnu dans ce qu'il a d'immaîtrisable, qu'ils leur donnent les moyens de s'emparer de territoires même si en fait ils appartiennent à d'autres ou à personne, qu'ils leur permettent en dernier ressort de se tenir à distance et prétendument en surplomb de tout le réel qu'ils nomment – les noms tombant de leurs bouches pour se déposer sur les choses et peu à peu s'y accoler. Donner des noms ainsi n'était pas seulement l'un de leurs arts, mais l'une de leurs techniques de combat, et la plus éprouvée peut-être, celle qui souvent leur avait assuré la victoire.

Alors ils ont essayé avec nous, naturellement. Ils nous ont donné tous les noms, au tour à tour ou en pagaille. De leur tâtonnement initial, nous avons entendu émerger, souvent, le terme d'extraterrestre. C'était le mot qui courait dans les fictions par lesquelles ils essayaient d'anticiper, d'exorciser l'angoisse que leur causait l'idée d'une rencontre. Il figurait dans leurs romans et dans leurs films, disséminé, à rassembler les monstres qu'invente une imagination qui n'a encore rien vu. Mais c'est un mot que je n'aime pas. Il trompe et manque sa cible. Car toutes les planètes sont des terres, il faut n'avoir pas voyagé, vraiment, pour ne pas savoir ça. Et puis je suis d'ici, moi. J'y suis né et je compte y rester. Je ne connais pas d'ailleurs. Je me sens plus terrestre que tous ces hommes dont l'horizon mental ne dépassait pas leur région ou les limites de leur pays, et plus terrestre aussi que ces voyageurs du monde moderne qui se jouaient des frontières mais ne se sentaient aucune allégeance, aucune attache, aucune responsabilité vis-à-vis des endroits du globe qu'ils ne fréquentaient pas ou de la planète en elle-même. C'est un mot si autocentré, extraterrestre : qui frileusement désigne un dedans et un dehors, comme si nous en étions encore là. Un vocable simple, pour résumer, trop simple, et où tout dysfonctionne. Les hommes y ont renoncé d'eux-mêmes, d'ailleurs. La réalité dépassait le pauvre langage par quoi ils avaient pu tenter de l'arraisonner d'avance – ils n'étaient pas assez aveugles tout de même pour ne pas admettre ça.

Comme leurs sciences s'avéraient impuissantes à appréhender notre métabolisme, les fluidités de nos raisonnements ou la vie intérieure qui nous anime, il leur est arrivé aussi de nous nommer démons. Ils ont réactivé ce vieux mot de leurs frayeurs théologiques. Ils l'ont tiré de leurs greniers de poussière et de leurs nuits. Dans notre langue, une fois encore, aussi étrange que cela paraisse, nous n'avions pas de mot pour nous désigner en tant que peuple. C'est seulement lorsqu'on rencontre une espèce comme l'espèce humaine, fascinée jusqu'à l'obsession par les identités, qu'on se met à percevoir par un retour sur soi l'unité de celle à laquelle on appartient. Alors, par esprit de provocation, pour nous moquer de leur désarroi, nous nous sommes mis à notre tour, même entre nous, à nous appeler comme ça, démons. C'était un jeu, à l'origine. Puis le jeu a pris et nous a pris. Nous avons fini par nous étonner, même, nous pour qui le commun et le collectif comptent, qui sommes tous des individus mais pas éparpillés, de n'avoir jamais été soulevés de l'envie de créer un nom qui nous rassemble. Nous ne sommes pas des démons, bien sûr – en tout cas pas au sens où ils l'entendent. Nous n'avons rien à voir avec ceux qui peuplent leurs cauchemars, le ligne à ligne de leurs textes sacrés ou les pages de leurs dictionnaires. Simplement il est élégant de savoir, de temps à autre, faire une concession aux peurs de l'adversaire, revendiquer certains des attributs qu'il vous prête, même et surtout quand vous êtes sûrs qu'il se trompe sur votre compte. Ce nom, donc, est resté. Et ce qui reste aussi, ce sont de sérieuses raisons de croire. Quoi ? Eh bien, que c'est parce que pour la plupart d'entre eux nous sommes des sortes de démons que certains d'entre eux se sont mis à dessiner des anges.

5

C'est le rendez-vous. Il y a un lieu précis – une heure plus approximative. C'est au nord-est de la ville, sous un pont qui enjambe le canal, et qui tremble au fracas des trains. C'est attendre – alors – guetter, immobile, quelqu'un que l'on n'a jamais vu, à qui il faut faire confiance, en qui l'on s'est mis à placer des espoirs qu'un souffle de vent déchirerait – quelqu'un de qui beaucoup dépend.

Iris m'a raconté Léo Ostias. Léo Ostias, c'est un humain, un ingénieur. De jour il fait ses heures, irréprochable, dans son usine de composants électroniques, au nord-est donc, sur le canal. Puis c'est la nuit qui vient, qui envahit, enveloppe, recouvre. Il rentre chez lui, pas loin, un peu plus près du centre-ville. Il n'est pas tôt, mais pas si tard : il a devant lui des heures de liberté auxquelles il tient comme on tient à son corps, et qu'il met à profit, quand il s'en sent la force, pour tenter de faire en sorte que d'autres hommes soient plus libres. Il n'est pas le seul – c'est un réseau – mais il est de ceux qui le dirigent. Le soir, dans le vestiaire de l'usine, il enlève son costume impersonnel, enfile une tenue de sport serrée qui le rend fin comme une lame, puis retrouve le monde du dehors, rentre en courant le long du canal, qu'il vente ou bruine, un sac à dos léger battant à peine contre ses omoplates, concentré sur le bruit infime de l'air qu'il fend – cet air alourdi de tout un tas de saloperies dont les chimistes seuls savent décliner les noms, mais qui circule, qui bouge sans avoir d'autorisation à demander à personne. Il court, foulée, inspire, foulée, expire, court encore et encore, furtif dans les gouffres d'ombre de rues qu'on n'éclaire pas. À Iris, il a dit, une fois, qu'il courait pour faire retomber un peu sa colère, pour qu'elle l'alimente mais ne lui éclate pas le cœur et les poumons. Et elle de commenter, d'une voix en suspens et songeuse : « C'est quelque chose que je comprends. Ce sont des mots à lui, mais qui parlent aussi de moi. »

Léo Ostias court en colère, mais il connaît sa chance. Dans le vestiaire des ingénieurs, alors qu'il zippe le haut de sa combinaison, il ne peut pas ne pas entendre de l'autre côté du mur les ouvriers humains qui se douchent, se changent, plient en peu de gestes et rangent dans les casiers leurs vêtements de travail tous semblables. Il sait qu'eux ne sortent pas, ne rentrent pas dans un endroit qui leur appartiendrait. Il les regarde, groupes tiraillés entre blagues et engueulades, silhouettes esseulées silcncieuses, qui traversent la grande cour leurs huit heures dans le dos et dans le crâne, s'assoient au réfectoire, avalent le repas, montent les escaliers pour rejoindre dans les dortoirs leurs lits simples au sommier de métal. Lieu de travail, lieu de vie, lieu de sommeil et de rêve : l'usine. On y a installé, me dit Iris, aux étages supérieurs de chaque bâtiment, un mètre en dessous du rebord des fenêtres, des filets d'une solidité à toute épreuve, pour que les ouvriers qui, dans une journée de découragement, se laisseraient tenter par un saut de l'ange ne foutent pas en l'air par leur disparition précoce la productivité de leur unité de travail. Tous les trois ou quatre jours, c'est pour le même genre de raisons que les hommes défilent chez le coiffeur et barbier, qui leur fait un visage où rien ne dépasse trop. À table, on leur sert une nourriture préparée, coupée en petits morceaux, qu'ils n'ont plus qu'à porter à leur bouche à l'aide de leur cuillère en bois, ce qui leur évite et de perdre du temps à cuisiner, et de devenir couteau au poing des dangers pour les autres ou pour eux-mêmes.

Iris raconte. Elle me raconte l'usine, et je l'écoute sans l'interrompre, en me demandant seulement si elle est au courant que c'est à peu près partout comme ça. Je sais qu'on prend moins de précautions dans les secteurs qui n'ont pas besoin de main-d'œuvre qualifiée, et où le taux de rotation peut sans dommage être plus conséquent, mais sur le site où travaille Léo Ostias, au nord-est donc, sur le canal, c'est de cette manière-là qu'ils ont jugé le plus simple d'organiser les choses.

J'attends sous le pont. Je l'attends. Il ne devrait plus tarder à sortir, à arriver. Je ne voulais pas être en avance, pour ne pas attirer l'attention, mais comme je voulais encore moins le manquer, je suis venu trop tôt tout de même. Il m'est pénible, je vous l'annonce, de rester longtemps debout. Je voudrais m'appuyer au mur, mais le mur a l'air sale et poisseux. Alors me voilà silhouette dans l'ombre, dissimulée, effrayante je crois bien pour qui passerait par là et ne m'apercevrait qu'au dernier moment. Il flotte une odeur de métal et d'urine. Il vogue sur le canal, clapotis, clapotis, quelques bouteilles de bière, étiquettes décollées, goulots pointés vers le ciel anthracite, qui ballottent et attendent comme moi, faute de savoir où aller.

Comme la plupart des ingénieurs, Léo Ostias descend – Iris en est consciente, je pense, et c'est tant mieux – d'une de ces vieilles familles de cadres supérieurs, d'entrepreneurs, habitués de si longue date à être les donneurs d'ordres que notre arrivée a représenté pour eux un déclassement dont deux générations plus tard beaucoup ne veulent pas se remettre. Cette blessure persistante, nous en avons perçu le danger. Nous avons senti aussitôt – les démons ont un peu d'instinct, peut-être – qu'il fallait ménager ceux-là, si nous voulions du moins qu'ils travaillent pour notre compte et dans bien des cas à notre place. Léo Ostias fait partie de ceux qui, si nous les privions de leurs soirées, du choix de leurs conjoints ou de leurs appartements, se mettraient à saboter le travail ou trouveraient en dépit de nos précautions le moyen de se suicider nettement et sans bavure. Les ouvriers, c'est différent. Leur sort n'est peut-être pas enviable, ils mènent une vie obéissante et balisée, mais leurs parents et grands-parents n'ont pas connu autre chose. Ce sont les mêmes qui dans le vieux monde asphaltaient, dans les pays où les richesses du sous-sol sont de loin celles qui comptent le plus, la route qui mène sans un détour du port ou de l'aéroport à la mine ; les mêmes qui transpiraient, les yeux éteints de poussière, la gorge sèche, sur les poutres d'acier de villes verticales construites parfois dans des zones inondables ou des régions sans eau. Ils ont fait des enfants, c'est tout, et ces enfants ont eu affaire à d'autres maîtres. L'inégalité qui structure leur vie de part en part leur paraît à vrai dire moins arbitraire maintenant qu'elle résulte de différences de nature, qu'elle est avant tout l'effet de l'espèce à laquelle ils appartiennent et ne sépare plus, insupportable et révoltante, certains hommes d'autres hommes pourtant faits du même squelette d'os sur quoi se tendent le même genre de chairs. Au sentiment d'être dominés, voire écrasés par des semblables s'est substituée, chez eux, l'impression moins horripilante et humiliante d'être soumis car tous les hommes le sont. Et s'ils en veulent parfois aux cadres et ingénieurs de leurs airs de supériorité, de leur existence plus autonome, des prérogatives que nous leur avons laissées, et si les cadres et ingénieurs réciproquement méprisent les ouvriers et frissonnent des pieds à la tête à l'idée seule de la vie qu'ils mènent, eh bien, cela fait nos affaires. Après tout, nous continuons à être moins nombreux qu'eux, et cela nous ennuierait s'ils parvenaient à se fédérer. Alors nous jouons de leurs vieux antagonismes, de leurs intérêts divergents ; nous faisons en sorte que ceux que nous traitons mieux aient gros à perdre à se solidariser avec ceux qui n'ont rien. Stratégie qui, dans ce qu'elle a d'ancestral et d'enfantin, marche plutôt bien, je crois, tant qu'on ne tombe pas sur des personnes chez qui le sentiment de leur propre valeur n'a pas empêché que se développe un égalitarisme compulsif – comme c'est, apparemment, le cas de Léo Ostias. Croire à l'égalité, m'a dit Iris, c'est son orgueil. Que ce soit dans son discours, dans sa façon de se comporter avec les autres ou d'organiser l'action en commun, il a même l'air de considérer que toute conception plus hiérarchique des rapports entre vivants relève d'un manque de lucidité dans lequel ne peuvent s'enfoncer que les idiots et ceux que la vanité aveugle.

J'attends. Je l'attends sous ce pont, au nord-est donc, sur le canal. Les silhouettes de joggeurs sont rares. Je guette celle qui va ralentir, se mettre à marcher soudain, comme pour souffler ou pour se remettre d'un point de côté, puis s'approcher de moi, attendre le signe de reconnaissance dont nous avons convenu. Quand un train passe, ta-dak, ta-dak, toutes les cinq minutes à peu près, wagon après wagon, c'est tout le tablier du pont qui vibre, et par la suite ses contreforts, et jusqu'aux murs de soutènement. On se demande si les cahots, ta-dak, ta-dak, wagon après wagon, ne vont pas dévisser les boulons des poutrelles.

Iris m'a raconté Léo Ostias. Elle l'a connu, d'abord, parce qu'il habite dans un quartier où cela graffe beaucoup. C'est là entre autres que se préparent, par essais successifs sur des murs que personne ne nettoie, les figures aériennes et les slogans coups de hache qui s'insinuent ensuite en ville. Il y a des gens qui ne graffent que pour la souveraineté des formes, les intensités changeantes des couleurs, l'amplitude zen du geste, ou pour écrire partout leur nom, ou histoire de se sentir vivants. Mais il y a un moment déjà que Léo Ostias s'est mis à arpenter les arrière-cours des ateliers, les impasses, les terrains vagues aux herbes hautes pour trouver, mine de rien, des gens qui seraient prêts à graffer aussi pour que nous rendions justice aux hommes et que nous les traitions en égaux.

Iris, progressivement, est entrée dans la bande. Aux réunions, c'était Léo Ostias qui faisait circuler la parole, tirait une conclusion concrète des débats théoriques, interrompait les digressions sans se mettre à dos les digresseurs. Qu'est-ce qui s'échangeait là ? Qu'est-ce que tramait le réseau ? Hier au soir, dans sa chambre d'hôpital, Iris m'a expliqué un peu, pour que je sache à qui j'allais avoir affaire. Elle a précédé mes questions, et m'en a dit d'ailleurs plus qu'il n'était strictement nécessaire, soit qu'elle ait voulu compenser son silence de ces derniers mois, montrer qu'elle avait compris désormais qu'il engendrait des catastrophes, soit qu'elle ait tenu à me convaincre qu'Ostias était la bonne personne pour notre besoin de l'heure, soit qu'elle ait ressenti à parler de lui une forme de plaisir qui l'extirpait phrase après phrase de sa fatigue comateuse. Pour autant que je me souvienne, elle n'avait jamais mentionné son nom auparavant. Elle a parlé longtemps, d'une voix murmurante mais posée, avec une sorte de distance calme qui cachait mal, à mon avis, de l'admiration ou d'autres sentiments de ce genre.

Leur organisation était à la croisée des chemins. Dans les débuts, lorsque l'on entre en résistance, on ne se soucie pas beaucoup – elle, du moins, l'avait vécu ainsi – de l'efficacité de ses actes, on est heureux tout simplement de redresser la tête, de se dire qu'on ne fait plus partie de ceux qu'aucune oppression ne fera jamais se lever. On a le sentiment que le ciel s'ouvre par trouées, on entraperçoit d'autres possibles, on se répète que la cause qu'on défend, même si dans l'immédiat tout la met en échec, va finir certainement par gagner du terrain, puisque ces personnes qu'on a rejointes, et qu'on estime, y jettent leur force et leur intelligence. Puis le temps passe. Les semaines, les mois. On commence à regarder en arrière, à se rendre compte du peu de choses que l'on est en train d'accomplir, et du prix que l'on paie pourtant. Quelques-uns tombent, lointains, ou bien plus proches, et on est accablés d'un coup de l'idée qu'on prend des risques considérables pour mener des actions à l'impact pratique dérisoire.

Autour de Léo Ostias, tout le monde taguait. Ses amis étaient de ceux qui faisaient apparaître subitement, à des endroits où on n'attendait rien de ce genre, des bras sans visage qui matraquent, des yeux qui s'affolent, des hommes et d'autres animaux alignés dans des cages, ou bien debout en file indienne, en passe d'être abattus. Les graffeurs esquissaient cinq silhouettes à la chaîne pour qu'on en imagine mille autres. Dès qu'ils opéraient dans des lieux exposés, ils bombaient en sachant qu'ils pouvaient être interrompus à n'importe quel moment, qu'ils n'auraient peut-être pas le temps de remplir les formes qu'ils dessinaient : ils allaient à l'essentiel, commençaient par des traits qui, même isolés, se fichaient déjà dans l'œil ou explosaient dans le paysage urbain comme de petites détonations qui voudraient en annoncer de grandes. Mais s'ils s'efforçaient d'atteindre les façades les plus improbables, ou d'attenter à la tranquillité des bâtiments qui servaient d'emblèmes au pouvoir, il était rare que leurs graffs tiennent plus de quelques jours. On employait, pour les effacer aussitôt, des hommes bien plus nombreux, payés des salaires de misère, qui travaillaient sans un murmure et semblaient, par leur application, non seulement annuler les signes du changement sitôt qu'ils faisaient irruption, mais encore renverser la balance et confirmer que la docilité, rapport de forces oblige, resterait toujours la règle.

Parmi les opposants, ceux qui avaient choisi de sortir de la clandestinité en se disant qu'agir à découvert serait plus efficace (il y en avait eu quelques-uns dans le réseau d'Iris) se trouvaient rapidement assignés à demeure. Un temps, ils pensaient pouvoir se faire entendre en ligne, avant de se rendre compte que toutes leurs communications étaient interceptées, que les censeurs ou leurs robots leur renvoyaient des réponses quelquefois enthousiastes ou pleines de compassion mais toujours stéréotypées. Il n'y avait que très peu d'exécutions – beaucoup des nôtres, d'ailleurs, clamaient que nous les traitions avec une clémence excessive, que faire quelques exemples calmerait les esprits les plus échauffés et nous dispenserait de tout un fastidieux travail de prévention ; mais par ailleurs, les actes de rébellion ou de désobéissance civile ne donnaient jamais lieu à des procès qui auraient pu servir de tribune aux orateurs les plus doués ou leur donner accès aux grands médias.

Dans un pareil contexte, certains dirigeants du réseau

commençaient à parler de lutte armée. C'était, aux yeux des uns, le seul moyen hélas qu'on leur laissait de porter leurs revendications, et selon d'autres, dont Iris parlait avec plus de sympathie – mais le genre de sympathie qui ne s'affirme pas trop car elle est bien consciente de pécher par idéalisme –, le moyen le plus sûr de se discréditer en passant auprès de nous comme auprès de leurs congénères pour de banals terroristes.

« En fait, murmurait Iris dépitée, il n'y a aucun bon moyen d'agir. » Quand il n'était plus en public et qu'il pouvait baisser la garde, Léo Ostias le reconnaissait lui-même. Dessiner et écrire sur les murs, lancer sur le réseau des phrases qui se répandent plus vite que les virus, ce n'était pas – il fallait cesser de se leurrer – lancer la reconquête ou marcher vers l'égalité, mais accomplir une simple série de gestes, dont la beauté sans doute était rassérénante, mais qui ne changeaient rien. Quand les symboles restent seuls, ne sont pas suivis d'effets, on se met à comprendre qu'un symbole a de la force, mais qu'un pur symbole n'en a pas. Il n'existait, dans leur horizon actuel, aucune stratégie qui puisse à la fois s'avérer efficace et ne pas se doubler d'un reniement des convictions qui présidaient à leur combat. En attendant d'inventer autre chose, ils se débattaient tous comme des chauves-souris qui s'élancent et se cognent, quelle que soit la direction qu'elles choisissent, sur les parois d'une prison aux murs peut-être lointains, et invisibles, mais d'une solidité décourageante, et que n'interrompt nulle part l'espoir de portes ou de fenêtres.

Sous ce pont. Dans le fracas des trains. Au nord-est donc, sur le canal. J'attends. C'est la fin d'une de ces journées que le brouillard de pollution prive de passé et d'avenir en masquant la course du soleil. L'heure noire qui prend le relais maussade d'une succession d'heures grises. La nuit, dans ces cas-là, a des mains qui se referment sur moi. Elle sait me trouver déjà dans un état de fatigue hypnotique, et elle vient me donner le coup de grâce.

J'attends que s'achève l'attente – et soudain il est là. J'étais peut-être distrait, je ne l'ai pas vu arriver, mais il a prononcé le mot convenu, c'est lui. Plus mince encore que je ne me l'étais imaginé, un peu essoufflé par sa course. Dans le timbre de sa voix, dans l'économie de ses mouvements, je sens couler cette énergie précise qui ne cesse de déserter mon corps, comme si je ne la méritais pas. Il a ce métabolisme des maigres qui brûlent tout ce qu'ils absorbent, qui enflamment ce qu'ils touchent. Sa tête est hérissée de cheveux blonds en pétard. Un diamant minuscule brille à sa narine droite. Dans mes pensées, j'ai répété son nom – Léo Ostias – et je me suis rendu compte qu'il était compliqué de déterminer si Léo Ostias devant moi était plutôt un homme, plutôt une femme, plutôt les deux. J'ai essayé un peu de savoir, en suivant très lentement la ligne de sa mâchoire, la ligne de ses lèvres, la ligne de son nez, en me décalant d'un pas pour le voir de profil, mais c'était peine perdue. Il ne bougeait pas. Il ne se dérobait pas. C'est que lui ou elle aussi me regardait, tout droit, tranquille, intense. Pour commencer, j'ai trouvé que c'était une idée étrange de détailler de cette manière mon visage. C'était quelque chose de dérangeant, ou quelque chose qui me dérangeait. Puis je me suis dit qu'il avait après tout le droit d'être curieux lui aussi.

Nous étions là, l'un face à l'autre. Aucun de nous deux n'a prononcé la phrase *Iris m'a beaucoup parlé de vous*. Il m'a tendu le bracelet d'identité qu'il avait réussi à faire fabriquer. « Voilà. J'ai tenté de faire au mieux. Elle va pouvoir être opérée, comme ça. » Et dans ce geste, après tout ce qu'Iris m'avait dit, j'ai perçu un vrai soulagement ; cela ne modifiait pas d'un iota la situation générale, mais c'était du concret au moins : une vie qu'on préservait, quelqu'un que l'on sauvait provisoirement. Dans mes pensées, pour la dixième ou onzième fois, je me suis demandé s'il s'était passé quelque chose entre lui et Iris. S'ils avaient quelque chose ensemble. Alors même que. Même si c'était le cas, qu'est-ce que cela aurait changé ? Il était manifeste qu'il ne servait à rien de me poser ce genre de questions, mais les pensées – on sait comment ça marche – les pensées viennent sans demander le droit.

J'avais le bracelet en main. Léo Ostias aurait pu reprendre sa course. Ç'aurait été plus prudent, même. Mais il s'est attardé un peu. Il connaissait mes positions, mon engagement pour prolonger de dix ans la vie que nous laissons les hommes vivre. « Cela va dans le bon sens, je ne vais pas vous dire le contraire, mais est-ce que ça n'est pas une réforme bien timide ? » J'ai eu un geste de fatigue. J'entendais cela à longueur de temps, *bien timide* d'un côté, et de l'autre *dangereuse et hasardeuse*. « C'est certainement insuffisant, j'ai répliqué, mais il n'est pas sûr que ça passe. Ça va se jouer à très peu. » J'ai voulu ajouter qu'il ne fallait pas se montrer trop exigeant, sous peine de compromettre même ce progrès modeste, mais j'ai compris – les démons ont un peu d'instinct, peut-être – que l'argument serait malvenu.

J'aurais pu en dire beaucoup plus. J'aurais pu l'avertir que son attitude était précisément de celles dont tiraient parti les adversaires de la réforme. Remigio Gutierrez dont les meetings faisaient salle comble. Martha Vacquet et ses airs de tribun. Est-ce qu'il ne l'entendait pas, de radio en télé, protester contre le boycott dont elle faisait l'objet dans les médias ? Mais à tous ceux qui l'empêchaient de dire tout haut ce que pensait la majorité, elle annonçait que l'ère des tabous était finie, qu'on allait pouvoir parler vrai. Et balayant de son autorité les questions que les journalistes avaient l'indécence de lui poser sur la souffrance des hommes quand tant des nôtres étaient réduits à la misère, elle entonnait son refrain sans le moindre signe de lassitude : « Ne soyons pas aveugles, enfin. Vous ne voyez pas qu'ils en réclameront toujours plus ? L'égalité, cette valeur admirable, vraiment, cette revendication qu'ils ne prennent au sérieux que depuis qu'ils n'ont plus l'heur d'être ceux qui dominent, c'est une spirale sans fin, ne tombons pas dans ce piège. »

J'aurais pu me lancer dans ce genre d'explications, mais ce n'était ni le lieu ni le moment. D'ailleurs, il a changé de sujet : « Iris dit plutôt du bien de vous. Mais vous restez un maître, n'est-ce pas ? » Ça non plus, ça n'était pas agréable à entendre. Il était efficace, Léo Ostias, à me renvoyer d'une phrase dans le camp des oppresseurs, et à pointer sans insister la supériorité paradoxale qu'il tirait, lui, de son appartenance à celui des opprimés, et la proximité avec Iris que par nature cela lui donnait. Je n'avais pas envie de me défendre, ç'aurait été avouer que je me sentais coupable. Dans mes pensées, je me disais : Montrez-moi ceux qui ne sont pas coupables ; montrez-moi ceux qui ne sont coupables de rien. Je lisais son visage, je complétais le reproche. L'affection que j'avais pour Iris avait beau être sincère, elle serait toujours condamnée à passer, auprès de personnes comme lui, pour une passion inconséquente ou hypocrite, comme si Iris était mon alibi et que m'occuper d'elle du mieux que je le pouvais me dispensait de remettre radicalement en cause le sort que nous réservions aux autres.

Je suis resté stoïque. Je ne voulais pas de conflit. À mon tour, j'ai changé de sujet : est-ce qu'il pensait qu'Iris se trouvait en sécurité à l'hôpital ? Il savait mieux que moi ce qu'elle avait fait, il était mieux placé pour juger du degré de risque. Dans la foulée, comme elle me l'avait elle-même conseillé, je lui ai parlé des rôdeurs. La bande des trois. Leurs yeux charbonneux, affairés et perdus. Il m'a demandé si j'en avais pris des photos, et lorsque je lui ai répondu sans entrer dans le détail que la situation ne me l'avait pas permis, il m'a jeté le regard de haut en bas qu'on jette au parfait débutant. « La greffe – si on la greffe – la greffe, a-t-il soufflé enfin, ça n'est que le début. » Il était tout à fait possible qu'elle soit guettée ou menacée, non pas, d'ailleurs, parce qu'elle assumait dans le réseau de grandes responsabilités, mais parce que ces gens-là ne perdaient pas une occasion, parce qu'il n'y avait pas pour eux de prise négligeable. « Si elle a besoin de moi, plus tard, je suis là. »

Dans l'immédiat, il allait demander à quelques-uns de ses amis d'organiser autour de l'hôpital une surveillance discrète. Comme je n'étais même pas sûr, de mon côté, alors que la loi allait entrer en examen, de pouvoir rendre visite à Iris chaque jour, je lui ai serré la main, je lui ai marqué, avec ce que j'avais en moi de plus fragile et de plus chaleureux, avec une absence d'animosité, et d'ironie, et de sous-entendus que j'espérais parfaite, combien je lui en étais reconnaissant. Il a refusé le don, il a secoué la tête : « Je fais ça pour elle, pas pour vous. » Je lui ai assuré que j'avais bien compris cela, mais que ça n'ôtait rien à ma reconnaissance. Il m'a dit que j'étais drôle. Qu'il ferait ce qu'il pourrait. Que c'était chacun son boulot. Et puis, d'une voix qui m'a fait sentir que lui aussi tremblait, et avait besoin d'espoir, il m'a lancé encore, avant de disparaître : « Faites-la passer, cette loi. »

6

Maintenant, ce que je veux vous dire, ce qu'il faut que vous sachiez… J'ai travaillé une dizaine d'années à l'inspection des élevages. Ça n'était pas… Je… C'est difficile à dire, mais il faut que vous sachiez. C'est tout autour de nous. À peu près invisible, très soigneusement dissimulé. Pour qu'on ne se doute de rien ou pour ne pas qu'on y pense. Nous vivons là-dedans sans savoir. Ou bien nous savons un petit peu, mais cela reste théorique, des mots qui ne sont que des mots, des chiffres qui ne viennent pas nous chercher en personne. Il faut le vivre comme ç'a été mon cas pour se rendre compte de ce que c'est, et que c'est partout, tout le temps, caché autour de nous…

Je… Je voudrais dire les choses, mais par où commencer ?

Entrer dans ce métier, devenir inspecteur – oui, peut-être préciser ça, d'abord –, ce n'était pas un choix. Lorsque je suis sorti de mes études de biologie, il était compliqué de trouver du travail. En exploitant la force des hommes, en mobilisant leurs machines et en perfectionnant les nôtres, nous escomptions pourtant, à l'origine, sortir une fois pour toutes de la survie laborieuse et découvrir cette vie de lenteur, de repos, de pensée qui dérive au soleil dont ne cessait de rêver ma mère. Pour des raisons que j'ai du mal à m'expliquer, ça ne s'est pas, mais pas du tout passé comme ça. À la promesse d'une vie de loisir s'est substituée, par un tour de passe-passe que personne ne sait ou ne veut élucider, l'épidémie mystérieuse du chômage, et le regard réprobateur et angoissé qu'on porte sur ses victimes, et l'impression d'être pestiférées qui sous ce regard les ronge bientôt. Au cours des quinze mois éprouvants où j'ai recherché un emploi, je me suis rendu compte que je ferais partie très vite, si je ne trouvais rien, de ces personnes au visage terreux qui passaient leurs journées à se battre contre les idées noires, qui n'avaient rien à raconter et n'osaient plus parler aux gens. On peut juger que c'est triste, mais c'est le réel, c'est comme ça que les choses se passent. Notre société pousse de plus en plus loin l'automatisation des tâches, met tout en œuvre pour faire baisser les coûts et accroître la cadence, réduit du même coup comme jamais les possibilités de travail, puis jette l'opprobre sur ceux qui n'en trouvent pas.

Quoi qu'il en soit, l'élevage était une industrie en expansion, qu'il fallait contrôler. Le ministère recrutait.

Comme il se trouve que mon père était déjà malade (sa respiration sifflante, ses quintes de toux remontaient les couloirs de l'appartement, traversaient les cloisons, si souvent qu'on croyait les entendre encore même quand elles lui laissaient un répit), je ne pouvais pas faire la fine bouche, il s'agissait d'aller là où était l'argent. On peut juger que c'est triste, mais c'est le réel : on a l'âge de se demander ce qu'on veut changer pour rendre un peu meilleur le monde qu'on voit autour de soi, et en moins de temps qu'il n'en faut pour le dire, on se demande plutôt quels secteurs se portent assez bien pour embaucher encore, et ce d'où que vienne cette richesse, quels que soient la nature et l'impact des activités qui la fondent et qui l'augmentent chaque jour. Enfin. Vous me direz. Je m'étonne de choses banales, mais c'est pour expliquer de quelle manière je me suis trouvé embarqué. À certaines heures de ma jeunesse, j'ai cru, glorieusement, naïvement (je ne sais plus trop ce que j'avais bu), avoir l'énergie qu'il fallait pour changer le système, et le système en un tournemain m'a porté là où il voulait, pour me faire faire ce qu'il voulait.

Il y a, pour résumer, trois catégories d'hommes : ceux qui travaillent pour nous ; ceux qui s'efforcent de nous tenir compagnie ; ceux que nous mangeons. Nous les traitons, tous, comme des êtres à notre service, que nous utilisons pour combler autant que faire se peut nos désirs, et avec lesquels nous pouvons en user comme bon nous semble, pour peu que cela contribue à améliorer notre sort, ou l'agrément que nous prenons à la vie. Nous sommes durs avec cette espèce, sans doute, mais c'est pour le plus grand bien de la nôtre. Nous savons tous, parce que c'est une affaire d'instinct, ou de bon sens, que les intérêts de notre espèce sont des intérêts supérieurs.

Naturellement, des esprits critiques, des polémiqueurs – j'ai dit déjà que nos rangs en comptent plus que de raison – affirment qu'il y a une sorte de schizophrénie à élever certains hommes pour les aimer et partager notre quotidien avec eux, et d'autres hommes pour les tuer et les manger. On peut juger cela étrange, mais tout comme le réel nous ne sommes pas à une étrangeté près. C'est même la moindre des schizophrénies dont nous nous avérons capables. Jamais, il faut l'avouer, il ne nous viendrait à l'idée de manger ceux qui nous servent d'animaux de compagnie : nous aurions le sentiment, en mordant dans leur chair, de reconnaître implicitement que nous sommes nous-mêmes comestibles, et que tout être vivant, entre les murs que nous habitons, pourrait parfaitement, à son tour, se retrouver équarri, mis au four, découpé sur une planche, réparti par tranches fines dans des assiettes que l'on tend à la ronde en disant commencez, commencez, n'attendez pas que ça refroidisse.

Les hommes, qui nous ont ici précédés en toutes choses, avaient ressenti le besoin de dessiner cette ligne de démarcation d'une façon plus nette. Pour la plupart, ils s'autorisaient à manger les espèces qui travaillaient pour eux, mais pas celles qui leur tenaient compagnie. Je ne sais pas quelle mauvaise conscience ils voulaient repousser par ces interdits solennels. En tout cas, ils n'avaient pas de mots assez durs pour ceux qui découpaient le monde sensible d'une manière différente : ceux qui estimaient que rien n'empêchait de transformer en un festin bref le chien qu'on avait jugé jusqu'alors mieux dans son rôle en gardien de la maison ; ceux qui estimaient que l'homme était un animal comme un autre, et pouvait se manger comme un autre ; que manger son ennemi après l'avoir vaincu, ce n'était pas aggraver le tort qu'on lui avait fait en le tuant, mais lui faire plus d'honneur que de l'abandonner aux oiseaux, aux bêtes sauvages ou à la multitude des vers, puisque c'était prouver qu'on le respectait assez pour accepter de devenir le réceptacle de sa force et le prolongement tangible de la vie qu'il avait menée.

Il était curieux, vraiment, de voir avec quel mépris ils se traitaient en tirs croisés de mangeurs de chevaux, de mangeurs de porcs, de mangeurs de grenouilles, de mangeurs de chiens ou de mangeurs d'insectes. Leurs lèvres proférant ces insultes se distordaient de dégoût, ils frissonnaient, les manières d'être des autres leur paraissaient tellement contre-nature qu'ils peinaient à comprendre comment, captifs de traditions aussi abominables, ils pouvaient malgré tout prétendre eux aussi compter au nombre des hommes. Les parents s'employaient à transmettre très tôt à leurs enfants la culture du pays, autorisaient, interdisaient, leur répétaient sur le ton assuré de l'évidence ce qui se fait et ce qui ne se fait pas ; ce qui se mange et ce qui ne se mange pas. Même pris de fatigue ou d'envies de transgression, les parents ne lâchaient rien : il fallait distinguer, distinguer. C'est que les hommes n'aiment pas ce qui se mélange ; ce qui est hybride ; ce qui se tient entre deux ; c'est d'ailleurs la raison pour laquelle, dans les premiers temps, nous les tétanisions, et qui fait qu'aujourd'hui encore ils ont le sentiment que nous sommes des êtres impossibles, un cauchemar récurrent, tenace, mais qui va finir par se dissiper.

Penser, pour eux – donc – c'est découper. Trier. Faire entrer les choses et les êtres dans des catégories qui une fois refermées repoussent les nouveaux arrivants. C'est affirmer que la continuité du vivant, liquide comme l'eau qui entre toujours dans sa composition, invisible comme les atomes, n'est qu'une apparence illusoire, qu'il est possible et nécessaire d'y creuser des lignes de partage. Et la première de ces frontières, bien sûr, la plus importante, était celle qui les séparait du reste des vivants, qui les faisait trôner au sommet de la création comme des enfants qu'une poignée floue de dieux – qu'ils fantasmaient à leur image, et dont le discours étrangement tournait toujours en leur faveur – auraient élus pour les représenter et pour accomplir leurs desseins. Ces signes d'élection, il leur semblait les voir partout. Ils étaient les seuls animaux, clamaient-ils, capables de manipuler des langages symboliques. Les seuls à édifier des villes et à construire des idéologies. Les seuls, pourrait-on ajouter, qui mettaient un vrai point d'honneur à ne pas se laisser manger. Car l'une des raisons qui les avaient le plus fortement incités à concevoir des outils et d'autres moyens de se défendre, c'était de s'exempter du lot commun, de se hisser en haut de la chaîne alimentaire, de n'être dévorés par personne, du moins de leur vivant. Ils ne concevaient pas de mort plus horrible que d'être mangés par des bêtes, et n'avaient pas beaucoup de plaisirs plus grands que de manger des bêtes tous les jours.

Nous qui les imitons, nous nous sommes laissé imprégner par cette mentalité, dans une certaine mesure. À notre tour, nous avons craint le mélange, nié le continuum. Nous avons décidé que les hommes que nous élevons ne se mêleraient pas à ceux qui travaillent pour notre compte, ni ces derniers à ceux qui nous tiennent compagnie. Nous avons décidé que nous séparerions fermement ces trois sortes d'hommes les uns des autres, jusqu'à ce qu'à force de ne plus se reproduire entre eux, et d'évoluer pourtant, ils finissent par devenir des branches distinctes de l'espèce. Il y a, donc, trois catégories d'hommes : ceux qui travaillent pour nous ; ceux qui s'efforcent de nous tenir compagnie ; ceux que nous mangeons. Et ils ne peuvent pas passer impunément de l'une de ces catégories à l'autre. Ils restent là où ils sont nés. Vouloir bouger, changer, c'est transgresser nos lois. Et c'est bien là tout mon problème – c'est-à-dire celui d'Iris.

De toutes nos manières de dominer, d'être les maîtres et possesseurs, celle qui, par voie de conséquence, les fait le plus frémir, et qui nous vaut d'être appelés des démons, c'est l'habitude que nous avons prise d'élever un grand nombre d'entre eux pour consommer leur chair.

Personnellement, j'essaie d'en manger de moins en moins. Je ne suis pas plus idiot qu'un autre, pourtant. Je sais apprécier les bonnes choses. Je suis au courant que leurs côtes, saisies à feu très vif et retournées à la spatule plutôt qu'à la fourchette pour ne pas que le sang se perde, peuvent réserver des moments de délice ; ou que cette partie de leur corps – la fesse, le haut de la cuisse – qu'on appelle le gigot, glissée au four sans autre matière grasse, en incisant seulement la graisse pour qu'elle fonde au fur et à mesure de la cuisson, donne une viande maigre, tendre, tout simplement exquise. Je sais qu'il existe des dizaines de manières de cuisiner leur chair, et que c'est tout un art. Ceux d'entre nous qui s'y distinguent, d'ailleurs, sont souvent des gens de goût, qui trouvent pour en parler des mots qui font envie – de grands vivants avec qui il fait bon saisir les jours qui passent et oublier la mort. Mais rien n'y fait : ces derniers temps, quelque chose me retient. Je n'en mange plus qu'en de rares occasions, lors des éclipses, des passages de comète, des nuits d'étoiles filantes qu'on attend au mois d'août, de toutes ces fêtes où, alors que nous célébrons nos origines, que nous nous rappelons avec émotion le voyage qui nous a menés jusqu'ici, je ne pourrais pas me dérober sans trop attirer l'attention. Je n'en fais pas un principe intangible, ou religieux, qui me paraîtrait peu compatible avec la faiblesse de volonté qui nous rattrape toujours, mais je me fixe vraiment des limites – et je ne crois pas que ça soit inutile, même si elles ne se transforment pas en un interdit absolu, car je sais combien en la matière la question de la quantité compte. Ce n'est pas la même chose, ni pour eux, ni pour cette terre qui nous abrite, ni même pour notre santé, d'en tuer plutôt deux ou plutôt trois milliards par an.

Bien sûr, beaucoup de gens dans mon entourage veulent voir ce choix comme une posture, comme un genre que je me donne. Il y a ceux qui préfèrent éviter le sujet, et ceux au contraire que cela démange, qui brûlent sans cesse de l'aborder. Ils disent que c'est bien dommage pour moi si je me refuse à profiter de la vie. Ils me reprochent de ne pas comprendre ce que c'est qu'un sacrifice. De faire preuve d'une sensiblerie de femme qui s'effraie à la vue du sang. Ou de l'idéalisme benêt de celui qui n'a pas compris que vivre c'est donner la mort. J'ai mis du temps à me rendre compte que ces moqueries et ces accusations étaient leur ligne de défense, par quoi ils entendent couper court à toute remise en cause. Et que la défense est condamnée à se faire virulente quand elle se sait fragile, et que vaguement elle se sent coupable. Il leur faut attaquer, vite et fort, pour ne pas se retrouver malgré eux entraînés dans le raisonnement. « Et pendant les années où tu étais à l'inspection, me demandait l'autre jour un ami, ça ne t'a jamais dérangé ? Ça te prend comme ça, d'un coup ? » Je ne sais pas. J'avais grandi là-dedans. J'étais conditionné à trouver cela normal. Il faut du temps pour déconstruire les évidences, le cadre social, le cadre de pensée dans lequel on a vécu. Mais ce passé me paraît loin. J'en ai tout simplement trop vu.

Pour nous former, à l'inspection, nous étions invités à visiter tour à tour, pendant les premiers mois, des maternités, des couveuses, des parcs d'engraissage, des abattoirs, des usines de découpe. Par la suite, nous étions tenus de changer régulièrement de secteur, pour nous éviter la répétition et l'ennui, et pour que nos liens aux éleveurs ne se resserrent pas en un écheveau de conflits d'intérêts. Alors je peux dire sans exagération que je connais la filière. La chaîne est compliquée, mais j'en ai suivi un à un les maillons.

Et si je commence par le commencement... Ce que les hommes font d'abord, c'est naître. Les nourrissons sont laissés à leur mère, selon leur poids et leur état de santé, de quatre à cinq semaines. Ensuite on les sépare. On attend la nuit, leur sommeil, et on prend les enfants. Entre collègues, nous avons eu des débats déchirants pour savoir s'il vaut mieux, le lendemain matin, quand tout le monde se réveille, être de ceux qui se retrouvent face aux petits sans leurs mères, ou face aux mères sans leurs petits. La chose ne se tranche pas aisément. Mais ça n'est pas de toute façon un moment agréable.

Une fois mis en couveuse, les enfants s'habituent à des tétons artificiels, qui répondent tant bien que mal à leur besoin de succion et leur fournissent un substitut roboratif, fait de lait en poudre, de graisses, de vitamines et d'hormones. Parmi ceux qui militent pour cette cause que, faute de mieux, et alors que nous sommes nous-mêmes des animaux, nous appelons la cause animale, certains avancent que nous pourrions laisser les petits humains à leurs mères jusqu'à l'âge de deux ans. L'idée est généreuse. Mais si nous procédions de la sorte, leur croissance serait beaucoup plus lente ; les enfants auraient le temps de s'attacher à leurs mères, et ils souffriraient beaucoup plus de la séparation ; les mères, quant à elles, risqueraient de leur apprendre à parler, ce qui par la suite nous compliquerait considérablement la tâche, et ce que, pour le dire sans détour, nous ne pouvons pas nous permettre. Sur ce point, en tout cas, il est généralement admis que la méthode en vigueur est la plus douce, la moins cruelle que nous puissions inventer.

Dès qu'ils savent se tenir debout et marcher à peu près, on les transfère, en camion ou en train, vers les fermes d'engraissage. Il existe des entreprises qui les envoient directement de la couveuse à l'abattoir. Mais si cette chair des deux-trois ans donne une viande très goûteuse, elle reste hors de portée de la plupart des bourses. Malgré les efforts déployés pour la vanter – n'est-ce pas la viande des dieux ? les meilleurs que nous sommes ne méritent-ils pas le meilleur ? –, cela demeure un produit de niche. Je suis certain, à peu près, que ce n'est pas cette viande-là que vous vous faites livrer chez vous. Non, dans leur immense majorité, ils partent pour les fermes. Et ils y restent jusqu'à ce qu'ils aient atteint leur taille adulte – treize ou quatorze ans pour les filles, quinze ou seize ans pour les garçons – c'est-à-dire leur poids d'abattage.

Souvent, parce que nous avons besoin de rêver, de nous rassurer, nous aimons croire que les hommes qui finissent dans nos assiettes ont vécu en plein air, entre pâturages et bois, sous le soleil qui change, et passé leurs journées à manger, à dormir et à jouer avant qu'une nuit, sans qu'ils aient eu aucun moyen de pressentir la chose, le marché siffle entre les doigts de ses mains invisibles la fin de la récréation et les emmène à l'abattoir. L'image est idyllique, et qui connaît l'Histoire sait ce que valent les idylles. On peut juger cela triste, mais le réel que j'ai découvert, dans lequel j'ai pataugé, de visite en visite, et si je laisse les images qui affluent en tumulte se stabiliser en une seule, le réel ressemble plutôt à cela : de grands hangars de tôle, au toit plat ou pentu, que l'hiver glace, que l'été chauffe à blanc ; de part et d'autre de la travée centrale, des cellules grillagées, dont l'armature de métal rejoint là-haut le plafond. Les cellules sont individuelles. Elles font, si c'est un lieu où on respecte les normes, au moins deux mètres cinquante de large et trois mètres de long. Au fond, il y a un tapis de sol, où ils peuvent s'allonger, dormir. Sur le devant, la mangeoire dans laquelle on leur sert de quoi se nourrir et le tuyau qu'ils pressent des lèvres pour boire. Quelque part, sur le côté en général, le trou où ils font leurs besoins. C'est la cellule moderne, standard. Celles où ils ne pouvaient pas marcher, s'étendre ou s'étirer, et où ils n'avaient pas d'autre choix que de se coucher à même le sol, ont été interdites il y a quelques années (après, d'ailleurs, un rapport dont j'ai écrit certains passages au ministère jusque tard dans la nuit, donc au prix d'engueulades copieuses avec Saskia) et on peut supposer qu'elles se sont raréfiées, même si, à l'inspection, ils sont loin d'avoir les moyens de vérifier que la réglementation est respectée partout.

On les nourrit de tourteaux de soja, de farines de poisson, de purées auxquelles on mêle les antibiotiques et les sédatifs nécessaires ; l'idée est de trouver des aliments qui ne coûtent pas grand-chose et qui les engraissent au plus vite. La plupart du temps, on les maintient dans la pénombre, pour économiser de l'énergie et diminuer leur agressivité ; on ouvre les fenêtres de toit cinq ou six fois par jour seulement, quelques minutes, quand il faut aérer. Si l'élevage est bien tenu, cela sent fort, sans plus. Si les hommes sont malades, qu'ils n'urinent et ne chient plus dans leur trou mais n'importe où dans leur cellule, l'odeur devient presque insoutenable, et les éleveurs doivent travailler en permanence la bouche couverte d'un masque. Les hommes aussi respirent cet air – ses poussières, son ammoniac, ses bactéries qui ne disent pas leur nom – à longueur de journée. Mais si un ou deux fabricants s'obstinent à concevoir pour eux des masques bon marché, les éleveurs considèrent dans leur immense majorité que les hommes n'en ont pas vraiment besoin.

Il faut avouer tout de même que ces conditions de vie ne leur réussissent pas. À force de rester avachis, bourrés de médicaments, ils développent des escarres, des infirmités, de temps à autre des difformités qui ne font pas plaisir à voir. Si on les met debout, dehors, ils marchent en titubant et ne sont pas capables de faire plus d'un ou deux kilomètres. Bien qu'ils puissent voir leurs congénères à travers le grillage, et de larges portions du hangar, ils vivent dans un environnement qui reste malgré tout très pauvre. Comme ils ne savent pas parler, ils ne s'expriment pas beaucoup – leurs plaintes, leurs cris ne sont pas des choses qui se traduisent – mais on peut supposer qu'ils éprouvent de l'ennui. Des études ont montré que lorsqu'on en laisse quelques-uns sortir, et qu'on leur donne le choix entre aller vers une aire de jeux et se diriger vers une table où ils trouvent une nourriture de meilleure qualité, plus rassasiante que celle qui fait leur ordinaire, la grande majorité commence par aller jouer, pour se dégourdir les jambes, parce que cela les change, les stimule, et qu'ils doivent se douter, confusément, que l'occasion est précieuse. Ce sont des enfants, me direz-vous. Mais je ne crois pas que des adultes se comporteraient différemment. C'est qu'ils ne s'estiment pas, selon toute apparence, seulement faits pour manger, dormir et déféquer.

À première vue, on pourrait se dire que les élever dans de grands enclos collectifs leur permettrait de jouir de plus d'espace et d'une forme plus satisfaisante de sociabilité. Mais les éleveurs qui se sont aventurés dans cette direction-là s'y sont cassé les dents. D'être ainsi confinés, entassés, soumis en permanence aux cris de leurs semblables, ils deviennent tellement irritables que tout rassemblement collectif dégénère. Si on les laisse entre eux, la vérité c'est qu'ils se battent ; qu'ils vont souvent jusqu'à s'entretuer ; que parfois ils s'entredévorent. Contrairement à ce qu'affirment leurs détracteurs, je ne crois pas que cela ait à voir avec une sauvagerie qu'ils porteraient en eux. C'est plutôt qu'enfermés à sept ou huit cents dans le même hangar – et c'est là que les quantités comptent – ils ne peuvent pas faire connaissance, sympathiser, s'apprivoiser. Parce qu'aucun d'eux n'a appris le langage, et que nous nous gardons bien de trop parler devant eux, ils ne peuvent communiquer que de façon très sommaire. Or on ne peut pas non plus les laisser vivre complètement à leur guise, en développant le mode d'organisation sociale qui leur convient, car leur intelligence risquerait de reprendre le dessus. Et tout le monde se souvient de Paolo Ciglio. De ce qui est arrivé à Paolo Ciglio.

On voyait de temps à autre sa tête dans les médias, son visage rond, avenant, d'une simplicité lumineuse, parce qu'il fournissait les grands restaurants de la ville où j'habite et de plusieurs autres alentour. Dans ses élevages, les hommes disposaient de baraquements confortables, dormaient dans de vrais lits, mangeaient au réfectoire, s'égaillaient par moments dans la nature, un peu comme dans les centres de vacances où nous envoyons nos enfants apprendre à faire partir un feu et à se faire des amis. Paolo Ciglio répétait à qui voulait l'entendre qu'il n'était pas un philanthrope, mais qu'il avait seulement compris, apparemment avec un temps d'avance, que seuls des adolescents heureux peuvent donner en bout de chaîne une viande de qualité supérieure. C'est un discours qu'on aime à croire, qui est tout à fait réjouissant, mais qu'aucune étude à ma connaissance n'est jamais venue confirmer. Il insistait, pourtant. Et avec sa bonne bouille, son strabisme léger, l'air de celui qui ne veut de mal à personne et à qui personne ne pourrait souhaiter du mal, il paraissait à même de réconcilier tout le monde : les viandards et les plus sensibles, les obsédés d'éthique et les mordus de gastronomie. Toujours est-il que des clients l'ont retrouvé un matin sur le seuil du dortoir, éventré à la hache par quelques-uns des jeunes gens qu'il élevait. Les autres employés du domaine étaient éparpillés dans la pinède et au bord du ruisseau, leurs corps écorchés, démembrés, en un puzzle fascinant dont les enquêteurs ont mis plusieurs semaines à assembler correctement les pièces. On a lancé une traque, sans retrouver tous les coupables. Cette boucherie à ciel ouvert a horrifié tout le monde, et elle a dissuadé beaucoup d'éleveurs d'adopter des techniques plus respectueuses du mode de vie humain. Si on ne souhaite pas finir soi-même débité au hachoir, il faut tenir compte, entend-on dire maintenant, de l'indocilité de cette espèce, de son aptitude à se dresser pour contester l'exploitation à quoi on la soumet. Beaucoup ont pensé que mieux valait, dans ces conditions, s'en tenir à l'élevage de porcs ou de bovins. Le calcul se discute : comme la viande des autres animaux se vend près de deux fois moins cher, il peut rester intéressant de mettre en place plutôt le système de surveillance ou de prévention adéquat.

Le moyen le plus simple, pour éviter qu'ils ne s'entretuent ou ne se révoltent, consiste évidemment à prendre les devants, à faire preuve d'une capacité d'anticipation minimale, autrement dit à leur couper les mains. Il a été prouvé, à de multiples reprises, qu'il leur devient difficile, sans mains, de frapper correctement, ou d'étrangler, ou de voler ces outils qu'ils rêvent de brandir comme des armes. Il leur reste possible, peut-être, de renverser quelqu'un d'un coup de pied, de le frapper une fois qu'il est à terre. Mais leur couper aussi les pieds n'est pas de l'ordre de l'envisageable : alors que le confinement va déjà à l'encontre de tous leurs réflexes locomoteurs, ils développent, s'ils sont condamnés à rester absolument statiques, des troubles mentaux sévères. Ils ne s'alimentent plus. Leur état de santé se dégrade rapidement. Et même s'ils tiennent le coup, tout trajet ou transport devient à partir de là une question inextricable. Or il y a des circonstances où nous avons besoin qu'ils coopèrent, un peu, qu'ils marchent, que tout ça avance. Les mains, elles, ne leur servent pas à grand-chose. Il suffit que leur nourriture leur parvienne réduite en bouillie, par un tuyau souple qu'ils suçotent, et qu'on les nettoie de temps à autre au jet d'eau plutôt que de leur laisser le soin de se décrasser eux-mêmes. Là non plus, comme vous vous en doutez, la chose n'a rien de consensuel. Dans la profession, beaucoup considèrent que les mains sont un « faux sujet ». Ils font remarquer que les femmes, quelles que soient les misères qu'on leur fait, se montrent nettement moins agressives. Forts de ce constat empirique, ils préfèrent castrer les garçons à leur arrivée à la ferme, à un moment de leur existence où ils ne savent même pas ce qu'on leur ôte ou ce qu'ils pourraient bien y perdre. Réalisée avec adresse, l'opération ne dure qu'une minute et ne nécessite pas d'anesthésie. On les immobilise au sol, on leur incise la peau des bourses avec un petit couteau, on saisit l'un après l'autre les testicules et on tire dessus d'un coup sec. Alors – une fois que leurs hurlements ont cessé – non contents d'être dociles, apaisés, ils se mettent à engraisser plus vite. Les partisans de cette méthode ont de sérieux arguments. Puisque nous ne les laissons pas, de toute manière, disent-ils, connaître la sexualité, à quoi bon les encombrer de cet appareil génital au complet, qui risque de leur insuffler, la puberté venue, un désir vague, violent, incontrôlable, que rien ne leur permettra d'assouvir ? Les mains, arguent-ils, cela leur sert au contraire dès la petite enfance. Toucher, saisir, étreindre, palper des doigts leur propre corps, prendre conscience qu'il forme un tout distinct, qu'il est à eux, cela fait partie de leur bonheur et de leur identité.

Inutile de préciser que les tenants des deux procédures s'accusent réciproquement de cruauté inutile. À l'inspection, nous n'avons pas lancé d'enquête pour les départager, puisqu'en tout état de cause ce sont des méthodes illégales. En analyser les effets, cela donnerait l'impression que nous envisageons de les réhabiliter. Nous nous comportons donc (enfin, *ils* se comportent, devrais-je dire maintenant que je n'y suis plus) comme si elles ne se pratiquaient pas, et ils se bornent à sanctionner les agriculteurs qui persistent. Cela étant, comme les amendes ne sont pas assez élevées pour être réellement dissuasives, et que l'inspection a un mal fou à en rendre la perception efficace, beaucoup d'entrepreneurs les intègrent dans leur modèle économique, et préfèrent les payer de temps à autre plutôt que de voir grimper en flèche dans leurs élevages une mortalité et une violence qui finissent, en un mot comme en mille, par rendre le travail un peu décourageant.

Quand j'inspectais, le plus souvent, le ménage avait été fait. Sachant que nous n'avons pas les moyens de visites systématiques, je me suis battu pendant des années pour qu'au moins les contrôles soient aléatoires et inopinés. Avec Hakim Dotzer, nous étions raccord là-dessus. C'est en plaidant pour cette réforme que nous avons fait connaissance. Mais la loi n'a pas évolué : elle impose un préavis de quinze jours qui suffit aux éleveurs les moins empotés pour remettre certaines choses en ordre. À la fédération, ils arguent que des visites impromptues leur donneraient l'impression d'être des criminels en puissance, que l'on flique constamment dans l'espoir de les prendre en flagrant délit, et que c'est incompatible avec le maintien de ce climat de confiance faute duquel, comme on sait, les affaires périclitent. À mon sens, tant que les contrôles seront annoncés, ce ne seront pas de vrais contrôles. Déjà que lorsque vous êtes inspecteur, votre simple présence dans une pièce modifie jusqu'à la façon de parler et de bouger des gens... Ce qu'il y a d'éprouvant, dans ce métier, si je m'autorise un euphémisme, c'est qu'on n'est pas le bienvenu. Même dans ces conditions, pourtant, ce qu'on fait n'est pas inutile. Car on ne peut pas, en quinze jours, réorganiser de fond en comble une grande installation. Maintenant que l'industrie est concentrée, simplement, il est plus difficile de prouver que les donneurs d'ordres, tout là-haut dans l'organigramme, étaient au fait des pratiques « peu orthodoxes » de leurs sous-traitants sur le terrain. Lorsque leurs avocats estiment que ça sent le roussi, les acheteurs ont tendance à crier eux-mêmes au scandale, à clamer qu'ils sont les premières victimes et à couper les ponts avec leurs fournisseurs ; ceux-ci se retrouvent interdits d'exercer, ou placés en liquidation, mais comme d'autres ouvrent peu de temps après, le business repart comme de bien entendu. Tant qu'il y a de la demande, n'est-ce pas...

En dépit de ce qu'ont l'air de penser certains éleveurs, les inspecteurs n'éprouvent pas forcément de jouissance particulière à constater des infractions. Pour ma part, cela me fatiguait – cela me déprimait, même. Quand on sait que les normes sont insuffisantes, et qu'on s'aperçoit que pourtant elles ne sont pas respectées... À voir les accès de violence que les employés se permettaient parfois sous mes yeux, je me demandais vraiment ce qui pouvait se passer lorsque j'avais le dos tourné. Naturellement, eux se racontent une autre histoire : ils nous voient comme des insensibles, des technocrates droits dans leurs bottes, qui viennent emmerder le peuple parce qu'ils ne se rendent pas compte. Ils pestent contre les normes que nous leur imposons. « Là c'est de pire en pire. Franchement. Quand on voit toutes les règles, on se dit que là c'est bon, vous avez bien chargé la mule, que maintenant vous allez vous calmer. Mais non. Vous n'en avez jamais assez. Vous inventez toujours autre chose. Et nous, on ne peut plus travailler. » Je comprends ce qu'ils veulent dire. Je connais leurs soucis, l'épuisement des réveils à l'aube, la tête qui transmet des consignes que le corps ne suit plus, l'angoisse des livres de comptes, la solitude boueuse coincée entre terre et ciel, qui donne le sentiment de ne pas exister ou d'exister à peine. Beaucoup d'entre eux n'auraient rien contre le fait de diminuer l'entassement ou d'augmenter le confort des hommes. Ils savent que cela leur rendrait à eux aussi la vie moins rude. Mais c'est tout le système alors qu'il faudrait réformer. Car tant qu'on leur achète la viande à des prix aussi bas, engager ces dépenses reviendrait purement et simplement à bousiller leur marge et à mettre la clé sous la porte.

Il en va de même dans les abattoirs. Je les ai fréquentés, aussi. Pendant quatre ans, leur inspection faisait partie de mon périmètre. J'arrivais dans la nuit, en même temps que les camions qui se rangeaient en marche arrière devant les portails numérotés, lentement, minutieusement, pour débarquer les hommes dans l'antichambre du bâtiment sans prendre le risque de les laisser revoir l'air libre. Au vestiaire j'enfilais une blouse, je m'équipais de sur-chaussures, d'un filet à cheveux, je me frottais les mains au savon sous le robinet d'eau chaude, lentement, minutieusement, avant de pénétrer dans le grand hall.

On les transporte la nuit, pour qu'ils aient moins de repères et pour que la chaleur ne les fasse pas étouffer. Ils ont peur. Ils ne savent pas où ils sont, ni pourquoi on les déplace. Est-ce qu'ils ont tout de même, à l'heure de sortir des camions, une petite idée de leur destin ? Difficile de le savoir : une fois encore, ils ne parlent pas. Peut-être sentent-ils juste que le moment est venu, quoi que cela veuille dire dans leur tête. Lorsque, dans les fermes, on les fait se réveiller, à une heure pour eux très inhabituelle, et sortir pour la première fois depuis des années des hangars, c'est là, disent les agriculteurs, que l'angoisse est la pire, car tout est inconnu, et incompréhensible, et qu'ils sont à cet instant-là encore en pleine possession de leurs moyens. Avant qu'ils ne montent dans les camions, on leur injecte dans l'épaule un sédatif qui les rassure. On essaie de faire en sorte que le transport dure moins de vingt heures, mais on ne peut pas toujours – il n'y a pas d'abattoirs partout, la plupart se situent, ce n'est pas un hasard peut-être, assez loin des zones habitées. Vingt heures, quoi qu'il en soit, c'est la limite au-delà de laquelle on est censé les faire sortir et leur distribuer à manger. L'opération est ingérable, et les routiers préfèrent accélérer pour essayer de s'épargner ça. À l'arrière du camion, les hommes restent debout ou s'accroupissent. Les véhicules les mieux conçus sont équipés d'un réseau de tuyaux, au plafond, d'où tombe une brume d'eau qui leur permet de ne pas trop se déshydrater. Comme ils ne sont pas habitués au mouvement, encore moins aux virages, beaucoup se sentent mal, s'évanouissent ou vomissent.

À l'arrivée, on les fait patienter dans l'antichambre, pour qu'ils se reposent, ou retrouvent au moins un peu de calme. Car il n'y a pas besoin de s'appeler Paolo Ciglio pour savoir que le stress nuit à la qualité de la viande et diminue sa durée de conservation. Comme ils sont tous ensemble, alors, et libres de leurs mouvements, c'est une étape qui nécessite une vigilance particulière, et où les employés de l'abattoir n'hésitent pas à frapper, à assommer, à envoyer des décharges électriques à ceux qui se considèrent comme tenus d'esquisser des gestes de rébellion. En général, cela étant, ils sont trop abrutis pour tenter quoi que ce soit.

Au bout d'une demi-heure, on les fait entrer un à un dans le couloir d'amenée. Cela fait juste leur largeur d'épaules, et cela fonctionne comme la vie : cela va tout droit, tout droit, et vers la mort. S'ils ne jouent pas le jeu, ne veulent pas avancer, la paroi coulissante qui se ferme derrière eux les pousse dans le dos et les y force. Certains essaient de résister, de grimper aux cloisons, mais elles offrent si peu de prises que c'est une partie perdue d'avance. Avant la zone d'étourdissement, il y a un sas. Il ne faut pas qu'ils voient ce qui les attend, ce qui arrive à ceux qui les précèdent, car cela les rendrait fous. Bien sûr, cela n'empêche pas que certains devinent tout de même. Ils doivent le pressentir, d'une manière ou d'une autre, car c'est là que crier commence. Ça crie. Ils poussent des cris, stridents et répétés, des cris qui tiennent, qui grimpent encore de plusieurs tons dans l'aigu et l'insupportable alors qu'on les croit parvenus à une note culminante, et sous l'assaut desquels les employés de l'abattoir, les ameneurs, les étourdisseurs, malgré les casques qui les protègent, se mettent à crier à leur tour, à crier des insultes, à crier des cris purs, pour recouvrir les cris des autres, pour se défendre de l'agression. Mais les hommes qui avancent, qui se cabrent, qui s'arc-boutent contre les cloisons, restent ceux qui crient le plus fort, car ils sentent que c'est la dernière fois, et qu'il n'y a rien pour les retenir, aucun avenir, aucune limite. L'étau se resserre autour de leur corps, à la hauteur de leurs épaules. L'étourdisseur pointe son pistolet sur leur front et leur envoie la décharge électrique qui est censée les mettre à la fois hors d'état de se défendre et hors d'état de souffrir. Ils tombent. Si tout va bien, ils tombent. C'est terrible de les voir tomber, mais c'est pire s'ils ne tombent pas. Car il faut alors renouveler l'opération, ou, en dernier recours, utiliser le pistolet à cheville percutante qui les tue en leur enfonçant une tige d'acier dans le crâne.

Inconscients, à terre, ils glissent sur le tapis roulant qui les descend vers la zone de tuerie. À l'arrivée, les entraveurs leur accrochent un anneau de métal à la cheville, et les suspendent par cet anneau à un crochet. La tête en bas, les bras ballants, ils ont déjà un air de choses, et sont entraînés en avant par le rail d'élévation vers le poste de saignée. Les tueurs les maintiennent d'une main ferme par la nuque, leur jettent un regard insistant, puis leur tranchent la gorge d'un seul geste, les carotides, les jugulaires. Alors saigner commence. Ça saigne. Le sang sous pression éclabousse tout, sol, vêtements et visages. On voudrait reculer d'un pas, reprendre sa respiration, sortir, mais déjà un autre homme, une autre femme, une autre gorge se présentent, et tout est à recommencer. On aimerait croire, bien sûr, que ce moment leur échappe, qu'ils sont partis, déjà, et ne sentent rien. Mais il ne faut pas se leurrer : l'étourdissement maîtrisé à tout coups, c'est de la théorie sur papier, de l'idéal aérien, une belle histoire qu'on nous raconte. En réalité, ils sont nombreux, chaque jour – des centaines à l'échelle d'un grand abattoir – à être encore conscients quand on les saigne. Il suffit que l'électronarcose ait raté. Ou que les tueurs aient pris assez de retard pour qu'ils aient eu le temps, sur le rail d'élévation embouteillé, de reprendre connaissance. Et de la même manière, le coup de coutelas, même appuyé, ne les tue pas toujours aussitôt. Pour être sûr qu'ils soient morts, il faudrait s'arrêter, quelques secondes, les observer, donner parfois le coup de grâce. Mais cela, c'est sans compter la cadence de la chaîne d'abattage, réglée pour en traiter – la quantité, encore la quantité – deux ou trois cents dans l'heure, et à qui on ne peut rien dire, car elle est faite pour ne rien savoir.

Ils restent suspendus sur le rail de saignée le temps de se vider de leurs quatre cinq litres de sang. Puis on les passe à l'échaudage, dans de l'eau à soixante degrés qui élimine leurs poils d'adolescents et leur lustre le corps. Comme souvent les cheveux résistent, on les leur brûle au chalumeau. On retire aux mâles, éventuellement, ce qui leur reste de parties génitales. Puis les machines prennent le relais pour le travail de force : une scie leur coupe la tête, une autre les détaille en deux dans le sens de la hauteur. Les têtes tombent sur une chaîne qui les entraîne vers une zone de conditionnement : les joues, les langues sont très prisées, et il y a des boucheries qui aiment à présenter les têtes entières sur leurs étals, pour ajouter une note décorative, ou garantir ce qui leur paraît être une authenticité. Pendant ce temps, les évideurs leur retirent les organes, à la main, les inspectent sur une table pour voir s'il n'y a rien d'anormal, aucune pathologie qui se décèlerait à l'œil nu, puis mettent à la poubelle ceux qui ne se consomment pas, poumons, estomac, intestins, pour réserver les autres, le cœur, les reins. À partir de ce moment-là, les corps qu'on manipule ne ressemblent plus à des corps d'hommes ; leurs âmes s'en sont allées ; la souffrance est finie ; il n'y a plus que de la viande, dont l'origine s'oublie sans trop d'effort, et qui devient appétissante, si tant est qu'on ait encore faim.

Voilà le processus, la chaîne. C'est à ce prix-là que nous mangeons de la viande. C'est le caché tout autour de nous, que notre inconscient occulte, efficacement, pour que nous poursuivions notre vie comme si de rien n'était, pour que ce sang ne vienne pas éclabousser l'image bénévolente et douce que nous aimons avoir de nous-mêmes. L'inconscient pousse ces choses dans le noir. L'inconscient dissocie. Chaque fois que nous mangeons de la viande humaine, ce sont des hommes plus libres qui se glissent dans nos pensées, ceux que nous croisons dans la rue, et dont les silhouettes minces, la grâce légère, indolente, absolue, nous incitent à nous retourner, pour les suivre encore du regard, une petite minute, quelques secondes encore, un seul instant encore, éphémère et précieux. Mais ceux que nous mangeons avaient moins de grâce de leur vivant. Par notre volonté, ils sont ces êtres lourds, ces amas de graisses qui tremblent, ces enragés qu'il faut soustraire au regard. Ils auront vécu peu d'années. Ils auront été invisibles et ils n'auront rien vu. Ils n'auront connu que des hangars, la souffrance permanente, des camions, pour finir la terreur. La perpétuité tout d'abord, puis la peine capitale. Ils n'auront pas même entrevu les chemins, le peuple des feuilles qui parle dans les forêts, les conversations infinies que l'on tient en terrasse, et le reflet des verres dans la nuit, quand on trinque, et les rires qui s'élèvent, quand on est amoureux ou quand on est amis.

Lorsque l'on sort de la routine et qu'on se met à y réfléchir, élever les hommes pour les manger n'est pas quelque chose de rationnel. C'est un travail astreignant, qui réserve un monceau d'embarras. Même engraissés, ils ont moins de chair que les animaux dont ils tiraient eux-mêmes leur nourriture avant que nous n'arrivions. Mais ceux qui s'arrêtent à ce genre d'objections ne comprennent pas la force des symboles. Si on voit dans l'élevage des hommes un moyen de produire de la nourriture, une quantité donnée de ces protéines dont notre corps a besoin, il est évident que les dépenses engagées sont beaucoup trop élevées pour le résultat obtenu. Il vaudrait beaucoup mieux, plutôt que de cultiver des champs pour nourrir tous ces hommes, ces bovins et ces porcs qui à leur tour nous alimentent, manger directement les céréales et les légumes que produisent nos grandes exploitations. J'ai compris en peu de temps, quand je me suis mis à regarder les chiffres, qu'en dépit de la précision des procédures et de la recherche inlassable de gains de productivité, qui d'abord peuvent en faire accroire, l'élevage était le domaine de la dépense somptuaire et pas de l'efficacité. C'est donc que ceux des nôtres qui ont mis sur pied le système ne raisonnaient pas en utilitaristes. Ils ont goûté cette chair, sûrement, et ont fondu de plaisir. Ils ont senti que manger les hommes était la plus éclatante des manières d'asseoir notre domination. De nous rappeler, chaque fois que le soleil se lève, que nous organisons la vie et la mort, et que nous sommes en la matière leurs dignes successeurs. D'ailleurs, nous savons tous que la production de viande n'était pas moins aberrante dans les grandes sociétés qu'avaient construites les hommes : c'était devenu, en quelques décennies, une industrie lancée dans une fuite en avant pour répondre à la demande, alors que tous ceux qui avaient travaillé un peu sur la question savaient qu'il était impossible de transformer la viande en un plat quotidien ou de laisser tous les peuples du monde se mettre à en consommer sans épuiser partout la terre et les ressources en eau, sans empoisonner l'air et jouer avec le feu.

Dans les choix que nous avons faits nous, il est probable qu'il y ait, sans que nous osions nous l'avouer, une manière de réplique, ou peut-être de revanche. Les hommes ne nous ont rien fait, me direz-vous ? Mais si. Bien sûr que si. Ils ont tout de même rendu pénible à habiter ce monde qui par nature était pourtant, d'après notre expérience, l'un des plus accueillants que l'univers abrite. En se félicitant constamment de leur intelligence, de l'ampleur de leurs actions, de la vitesse de leurs progrès, ils ont transformé peu à peu le havre de grâce en enfer. Et si nous avons profité de tout ce qu'ils ont construit, ils sont aussi ceux par la faute desquels nous devrons à coup sûr reprendre notre errance plus tôt que nous ne l'aurions voulu. Tout cela n'est pas rien. Aux voix qui se font entendre de temps à autre pour dénoncer les conditions d'élevage, alors, il est facile de rétorquer qu'ils sont mal placés pour se plaindre, ces hommes qui écornaient les bœufs, qui épointaient les becs des poules, broyaient les poussins mâles, coupaient les queues des porcelets, séparaient les veaux de leurs mères, et parlaient de quotas de perte lorsque chaque matin ils trouvaient dans les stalles des bêtes malades à en crever ou des bêtes déjà mortes. Ceux qui souffrent aujourd'hui sont les anciens bourreaux, et la liste de leurs exactions est d'une longueur très respectable. Ils ne sont pas ceux qui tenaient le coutelas, mais ils sont ceux au nom desquels le grand massacre se poursuivait ; ceux qui s'indignaient bruyamment d'autres violences extrêmes mais qui acceptaient que celle-là soit dissimulée, et sa méconnaissance organisée.

De ce point de vue, en renversant la donne, en les réintégrant de force dans ce règne animal dont ils voulaient à tout prix s'excepter, nous faisons justice aux non-humains. Le problème, c'est que ce genre d'agissements ressortit à la loi du talion, qui ne m'a jamais paru une invention d'une grande subtilité, et qui n'est pas je crois la manière la plus profitable de codifier les rapports entre les êtres vivants que nous sommes. Mais la vengeance a ses attraits, semblerait-il. Et la domination son charme : il a suffi de deux générations pour que l'esclavage et l'élevage des hommes s'inscrivent dans les structures de la société que nous avons créée, dans notre droit, dans notre morale, dans nos croyances et dans les gestes que nous répétons ici au quotidien. Et si ce n'est pas rationnel, alors c'est que nous y trouvons sans doute une façon séduisante d'exprimer notre identité. C'est là où on sort de l'utile, c'est quand on entre dans le gratuit et dans l'apparemment absurde que la culture commence. Manger, ça n'a jamais été, pour nous pas plus que pour les autres, seulement se rassasier. C'est affirmer fort qui l'on est, où on se situe dans l'ordre du vivant. Manger de tout, comme nous mettons souvent un point d'honneur à le faire, c'est se placer au sommet et regarder les autres d'en haut. Quand on nous demande qui nous sommes, partant, nous avons le droit de répondre que nous ne sommes pas juste des nomades ; pas seulement des démons ; nous sommes ceux qui dévorent les hommes ; nous sommes, quoi qu'ils en aient, les nouveaux maîtres et possesseurs.

Pour ma part, l'argument m'a suffi, longtemps. Je me disais, si c'est inscrit dans notre culture, si cela nous définit, ce n'est pas quelque chose que nous pouvons changer. J'avais incorporé l'idée que l'infériorité patente des hommes et des autres animaux justifiait qu'on ne se préoccupe pas outre mesure de leur sort. Autant je comprenais comment la vie des hommes qui travaillaient pour nous ou nous tenaient compagnie pouvait intriguer, fasciner, autant les humains de chair me paraissaient les moins intéressants des hommes, eux qui ne fabriquaient rien, n'inventaient rien, ne savaient ni lire ni écrire, ne parlaient même pas. Il fallait avoir, me disais-je, l'esprit sentimental ou étrangement tourné pour ne pas les voir seulement comme de la viande sur pattes. En réalité, chaque fois que je passais devant eux, je les voyais sans les regarder. J'étais pris dans le système. J'avançais, j'avançais. Le boulot devait être fait, alors je faisais le boulot. Il y a beaucoup de gens sur terre qui se contentent de faire le boulot.

Et puis un jour cela a changé. En peu de temps, du tout au tout. Et ce jour vit dans la mémoire. Il a sa boue, sa brume, ses peupliers. Il tremble.

Un jour, j'ai rencontré Iris.

7

À l'ouest de notre ville, il y a une région qui s'étend. On n'a pas de nom pour elle. Comme elle se trouve à l'ouest, on a bêtement tendance à dire que c'est l'Ouest. Et si c'est très à l'ouest, là où les vents et l'océan viennent battre les falaises, parfois on dit le Grand Ouest. Il y a beaucoup d'élevages par là, sur le plateau. Mes tournées d'inspection m'y menaient souvent. Et je me rappelle très bien. C'était il y a onze ans, en fin d'automne, un jour de froid. J'ai en tête les moindres détails, comme si ce froid les avait conservés. Dans ce monde qui, en dépit de nos efforts, est de plus en plus chaud, chaud qui transpire, qui colle, chaud qui étouffe, on attend ces jours-là avec une forme d'impatience, de curiosité enfantine. On voudrait qu'ils fassent resurgir de nos corps léthargiques des sensations inattendues, un peu miraculeuses. On s'en souvient avec plus de netteté, parce qu'ils tranchent sur le quotidien. Mais lorsqu'ils viennent, on est ramenés le plus souvent à leur brutalité, à leur insupportable mordant, à ces intempéries dévastatrices qui ne donnent pas non plus très envie de mettre le pied dehors. Le froid, lorsque pour de bon il est là, froid qui pénètre et cingle, nous renvoie d'un seul coup à notre condition d'amateurs de climats tempérés et de juste milieu, qui ne savent plus à quelle saison se vouer.

Ce jour d'il y a onze ans, malgré le vent et la brume, cela allait encore. Avec Hakim Dotzer, nous avions décidé de prendre un train jusqu'à la capitale de la région, puis de louer une voiture. Il avait passé le trajet à dormir, les bras croisés, la tête un peu penchée, avec sa sérénité habituelle, moi à regarder les paysages que nous traversions à toute allure, qui restaient de l'autre côté de la vitre, tout proches mais intangibles, car on ne s'arrêtait pas. À chaque tunnel, les changements soudains de pression me poussaient vers un monde assourdi, où les conversations et les objets perdaient de leur réalité. Mes problèmes d'oreille interne commençaient, à l'époque, et je titubais un peu quand je marchais dans l'allée centrale. J'essayais de me convaincre, en me répétant les paroles de Saskia, que ça n'était qu'une infirmité mineure, et sans doute provisoire, mais j'étais malgré tout inquiet, car je voyageais tout le temps et que je devinais combien cela pourrait me gêner.

Quand nous sommes arrivés à la gare, donc, j'étais content de retrouver l'air libre, que le froid me prenne de l'énergie, mais m'en redonne aussi, à coups d'aiguillons invisibles, qui font circuler le sang. Être chaque jour quelques heures au grand air : c'est l'une des raisons qui m'ont fait supporter ce métier, et l'une des choses qui me manquent le plus dans les bureaux interminables et les journées interminables de mon quotidien au ministère.

Alors que je m'avançais sur le parvis, quelque chose de compact, de sombre et de furtif m'est brusquement passé entre les jambes. J'ai trébuché, pensé instinctivement à un chat ou un chien, mais au moment où je me suis rendu compte, en voyant l'animal se carapater devant moi, que ça n'était ni l'un ni l'autre, mais étrangement un ragondin, deux êtres humains qui couraient dans mon dos l'ont rattrapé et lui ont envoyé du bout ferré de leurs chaussures deux coups de pied dans le ventre qui l'ont soulevé et fait valser à plusieurs mètres. « Qu'est-ce que c'est que ce bordel... » a commenté Hakim à côté de moi. J'ai levé les yeux. Sur la place pavée, bordée de brasseries aux terrasses couvertes, de boutiques et d'immeubles bourgeois, une cinquantaine d'ouvriers agricoles – c'étaient des êtres humains, en l'occurrence – avaient déversé de pleines charretées de fumier, autour desquelles leurs tracteurs jaunes formaient une ronde immobile et hostile. Non loin de là, plusieurs d'entre eux, le visage rougi, sortaient des ragondins de cages empilées à l'arrière de leurs camions. Certains leur aspergeaient le museau de peinture verte ou de colle avant de les laisser filer pour que puisse s'ouvrir la chasse, d'autres les jetaient par terre et leur fracassaient aussitôt le crâne à coups de batte ou de matraque. Sur les pancartes, on lisait des slogans sur les tarifs d'achat que pratiquait la grande distribution, et sur l'absurdité d'une protection de la biodiversité qui s'étendait jusqu'aux nuisibles.

Tout ça ne sortait pas de nulle part. J'avais déjà entendu dire que les agriculteurs étaient remontés contre les ragondins ; dans la partie de la région que couvraient des marais salants, ils fragilisaient les canaux et les berges en creusant partout leurs tunnels, écorçaient les arbres des futaies, transmettaient certaines maladies au bétail. Mais cette colère démonstrative des hommes me paraissait tout de même idiote et déplacée. Est-ce qu'il ne fallait pas, lorsque l'on prétendait comme eux s'approprier le moindre hectare de terre, se préparer à la cohabitation, ou s'attendre du moins à un peu de résistance ? Est-ce qu'on ne voyait pas déjà assez de ragondins écrasés le long des routes par des voitures qui n'avaient de toute évidence pas freiné ou dévié d'un demi-mètre pour les éviter ? Cela étant, j'avais aussi de la compréhension pour ces hommes de la campagne qui venaient se montrer en ville, y déverser, indésirables, la terre puante et la violence qu'on n'y laissait jamais entrer.

Sur la place, affolés, en tous sens, les ragondins aveugles cherchaient à fuir ; les hommes couraient pour leur barrer le passage, en prenant garde de ne pas glisser dans les amas de fumier et dans la mélasse de merde et de sang qui couvrait partout le sol. Sourcils froncés, Hakim m'a fait remarquer ce qu'il y avait de comique à entendre les hommes se plaindre de cette façon des torts que leur causait cette espèce invasive. « C'est quand même fou, non ? Car si on réfléchit… Loi du genre, tu me diras : on se venge sur qui on peut. »

Le pogrom continuait. D'autres camions arrivaient, avec des crissements de freins, et nos forces de l'ordre cantonnées dans un coin de la place ne semblaient pas pour l'instant avoir reçu la consigne d'intervenir. Aux opprimés, vous prendrez soin de laisser des exutoires, surtout quand les exutoires ne coûtent rien. J'ai tiré Hakim par la manche, nous nous sommes éloignés. Il était compliqué, peut-être même impossible de s'interposer, mais rien ne nous forçait en revanche à assister à ça.

Nous avons récupéré la voiture, roulé dans la campagne, plus lentement que d'habitude, afin d'être bien certains de n'écraser personne. Pour qu'on se change les idées, Hakim s'est mis à évoquer le séjour qu'il avait fait l'été d'avant avec sa femme dans la région. Il aimait marcher sur la grève à marée basse, loin vers la mer qui se retirait à son approche en même temps que l'horizon ; il était assez bon nageur pour ne pas craindre de se laisser surprendre par le retour des eaux. Ces expéditions dans les sables, sous des ciels déchirés, cela lui donnait l'impression de vivre, avec moins d'angoisse pionnière, et à l'échelle de quelques semaines clémentes, ce qu'avaient été les premiers temps de nos parents dans ce monde. Je l'écoutais sans dire un mot ; l'existence de l'été me paraissait improbable ; cela tanguait, en moi, j'avais peur si j'ouvrais la bouche que quelque chose ne reflue ou ne déborde.

Sur le plateau, les exploitations agricoles se composaient le plus souvent d'un carré de bâtiments massifs, entourés de haies de peupliers chargées de les protéger tant bien que mal des maltraitances du vent. Nous avons cherché un moment celle que nous devions inspecter : la brume effilochait les routes, il était difficile de savoir où tourner. C'est sans rien voir, d'ailleurs, en nous fiant seulement à ce que disait le plan, que nous avons bifurqué sur une route secondaire et parcouru encore trois ou quatre kilomètres avant d'entrer sur le domaine.

En haut du petit perron du bâtiment central, il y avait une silhouette, sortie en entendant le bruit de voiture sur les graviers ou qui nous attendait depuis longtemps déjà. Nous nous sommes approchés. C'était le gérant de l'exploitation – un congénère massif, au teint blafard, et qui a eu à notre adresse un mot de bienvenue tout aussi pâle et réticent. Il tapait le sol pour se réchauffer, se frottait les mains, avec le regard qui dit que ce n'est pas trop tôt. Tout de même, il nous a fait entrer dans la cuisine, nous a demandé si nous voulions un café, un doigt d'eau-de-vie, le temps de remplir la paperasse. Malgré son écharpe, son bonnet, il était secoué de quintes de toux et crachait de temps en temps dans l'évier tandis que la machine à café ahanait. J'ai essayé une phrase compatissante, mais il l'a balayée d'un geste, comme si ça n'était vraiment rien, ce qu'il avait, ou bien comme s'il ne pouvait pas croire à ma sincérité. Il y avait avec lui un de ses employés, un jeune gars maigre, au visage taillé au couteau, qui s'était levé à notre entrée. Il portait un bandage à la main. Par intervalles, ils échangeaient entre eux des remarques rapides, qui faisaient si peu bouger leurs lèvres que je ne les saisissais pas. Hakim a mentionné la manifestation que nous avions vue en ville. Ils étaient vaguement au courant, avaient l'air de trouver ça lamentable. « Je ne sais pas vous, a dit le gérant. Mais moi j'aurais tendance à dire qu'ils n'ont que ce qu'ils méritent. » Je n'étais pas sûr de savoir s'il parlait des hommes ou des ragondins, et je n'ai pas demandé. Nous avons bu le café comme ça, entre le carrelage et le silence, sans que l'ambiance se réchauffe. J'avais le sentiment, pourtant, qu'ils n'avaient pas hâte qu'on passe à la suite. C'est nous qui avons fini par nous lever. Dans l'antichambre, assis sur un banc de bois, nous avons enfilé les bottes qu'ils nous tendaient – il avait pas mal plu, ces derniers jours –, et puis nous sommes sortis commencer la visite.

En poussant les portes du bâtiment des hommes, et alors que nos yeux ne s'étaient pas encore accoutumés à la pénombre, on percevait tout de suite, aux bruits de pas, au remue-ménage invisible, aux souffles mêlés, aux gémissements, qu'il y avait là beaucoup de monde entassé. Il faisait très froid, humide – les fenêtres de plafond là-haut avaient été laissées ouvertes et dessinaient des rectangles laiteux, légèrement aveuglants. Malgré ces mesures d'aération, j'ai enlevé l'une des bandoulières de mon sac à dos pour le faire glisser devant moi et y prendre mon masque. Le gérant m'a regardé faire sans ciller. « Oui, désolé, hein. Ce n'est pas très ragoûtant. À force en fait on s'habitue. » J'ai hésité à lui répondre qu'il était maladroit de jouer les aguerris, que c'était moi aussi mon quotidien, que la différence entre les élevages où je sortais aussitôt mon masque et ceux où je tolérais l'odeur en disait souvent bien plus long que la plupart des autres constats – mais j'ai ravalé cette réplique, car je sais que le verdict ne doit tomber qu'à l'heure du verdict.

Hakim a pris le côté gauche, moi le droit. Nous nous sommes avancés. Certains des hommes se tenaient aux barreaux de leurs cellules sans proférer un bruit. Leurs têtes broussailleuses nous suivaient. Leurs yeux plus clairs se voyaient dans le noir, mais n'avaient aucune expression. D'autres avançaient de deux pas vers la grille, s'y accrochaient des mains, cherchaient à la secouer, d'un mouvement faible, avec une plainte, puis reculaient, d'un pas, d'un deuxième pas, retrouvant leur position initiale, comme si l'idée s'était fait jour, dans leur esprit, qu'ils n'arriveraient pas à l'ouvrir. Pourtant l'instant d'après ils avançaient de nouveau, des deux mêmes pas faits au même rythme, donnaient de nouveau une secousse faible, comme s'ils avaient déjà tout oublié de leur échec précédent. C'étaient des gestes sans volonté, et qui n'avaient semble-t-il rien à voir avec notre présence : quand nous passions devant eux, ils ne bougeaient pas la tête, ne s'interrompaient pas. Les sexes des mâles pendouillaient à travers la grille. Une bave blanche leur coulait des lèvres. Il y en avait d'autres encore, couchés au fond de leurs cellules, sur leurs tapis de sol trop minces, les membres dépassant en désordre de leurs couvertures miteuses. Autant qu'on pouvait en juger, cela avait l'air d'être les plus gras – ceux dont les muscles s'étaient trop atrophiés pour qu'ils se tiennent encore debout.

Nous étions quatre face à cette foule – devant ces corps blancs, ces corps bruns, tous tendus de l'intérieur à craquer comme des sacs, abrutis et sans âge. Parfois, la couleur de leur peau ne se devinait plus, tellement ils étaient sales. J'en ai fait la remarque au gérant. Il en était le premier désolé. C'est qu'ils avaient un gros souci d'eau chaude, depuis dix jours – la chaudière qui ne fonctionnait plus, les réparateurs qui promettaient de venir réparer mais qui se décommandaient chaque fois –, et qu'il ne se voyait pas les arroser d'eau gelée par ce temps. De ce point de vue, c'est sûr, notre visite tombait mal. Les inspections tombent souvent mal. Je me suis arrêté une seconde. Ça n'était pas que ça. Il y avait autre chose. « Est-ce que vous pouvez allumer les lumières ? » a demandé Hakim. Le gérant a marqué un temps d'hésitation. On pouvait le faire, bien sûr. « Mais vous ne savez pas comme ils sont. Ça risque de les agiter. Ils sont terribles, parfois. » Je lui ai répondu que sinon nous allions être contraints de sortir nos lampes torches, et que l'effet serait sûrement pire. « Allumez les lumières », a répété Hakim. Le jeune est revenu à pas lents vers l'entrée pour actionner l'interrupteur.

Dès que les barres au plafond se sont mises à clignoter, ça a bougé de toutes parts. Comme un seul homme, ils se sont réfugiés au fond de leurs cellules, loin du grillage. Ils se sont jetés sous leurs couvertures comme s'il n'y avait pas une seconde à perdre, qu'il fallait se mettre hors d'atteinte. J'ai attendu qu'un semblant d'immobilité revienne, puis je me suis approché, concentré et prudent. Le caillebotis de béton venait d'être passé au jet – cela se voyait encore, toute l'eau ne s'était pas évaporée –, mais il était pourtant de nouveau maculé de vomi, et d'une merde jaune et liquide qui s'écoulait difficilement, à travers les claires-voies obstruées, dans la rigole d'évacuation que l'on apercevait en dessous. « Nous avons pas mal de malades, s'est justifié le gérant sans attendre nos réflexions. C'est de saison. Je crois qu'ils ont mangé il y a deux jours quelque chose qui ne passe pas. Mais on a la situation en main. Depuis hier, je les ai mis au riz. Et on ajoute des poudres argileuses dans leur eau, pour que ça fasse pansement. » Hakim a hoché plusieurs fois la tête pour ne pas le braquer. Moi j'ai préféré enchaîner : « Et ça ? » J'en ai pointé du doigt plusieurs, dont les cuisses et les bras étaient couverts de gros hématomes violacés ou noirâtres. C'est le jeune qui est intervenu. Il y avait eu des nuits de tempête, comme on le savait sûrement, et ça, ça les rendait nerveux, incontrôlables, capables de se jeter contre les grilles et de s'y assommer. Il a montré sa main bandée : « Dans ces cas-là, on peut rien faire, franchement. Si on s'approche, ils mordent. » Le gérant a complété : « Je dis pas qu'ils sont pas stressés. Ce que je dis, c'est que ça s'explique. C'est pas une bonne période. Mais dans la mesure de nos moyens, on bosse dur pour que ça s'arrange, je peux vous assurer. C'est dans notre intérêt, en plus, si on veut en tirer ne serait-ce qu'un prix correct. » J'ai hoché la tête à mon tour. Pourtant ça n'allait pas. Quelque chose encore n'allait pas. Sans regarder Hakim, j'ai fait un geste de la main, quasi imperceptible, en direction d'une cellule vide. Il y en avait beaucoup. Un nombre tout à fait anormal, si on le rapportait aux capacités qu'affichait l'élevage sur le papier. Hakim a serré le poing une demi-seconde – notre signal convenu – pour me confirmer qu'il avait vu aussi, que nous étions bien d'accord.

Nous avons continué d'avancer, en guettant d'autres signes. Au bout d'un moment, nous avons repéré sur le sol de béton des sortes de traînées grisâtres. Lignes larges et pâles, ou marques rondes, ça menait vers la porte du fond. J'ai pensé à du sang qu'on aurait voulu effacer. « On peut sortir par là ? » Le gérant m'a dit que non, que leur habitude était de faire le tour. Pour la première fois, j'ai vu un voile de peur couvrir brièvement son visage. Il commençait à se sentir poussé dans ses retranchements. À croire que nous n'avions encore rien vu. J'ai insisté. Ce n'était pas agréable, mais c'était mon boulot : « Sortons par là, vraiment, ce sera plus simple. » Il a fait un geste du menton, le jeune est venu l'aider à déverrouiller la porte sans pouvoir s'empêcher de lui jeter des regards en coin.

Dehors, la piste se poursuivait : c'étaient des traces de pas maintenant, les empreintes de personnes qui résistent, se cabrent, dérapent ou plantent les pieds dans le sol pour ne pas avancer. Les roues de plusieurs camions étaient venues les brouiller, les interrompre de crêtes de boue déjà durcies, mais il n'y avait pas besoin de beaucoup de patience et d'attention pour en rétablir la continuité. Le but de la manœuvre – quelle que soit la manœuvre – ce devait être cet autre hangar, plus petit, qui se dressait sur notre droite une soixantaine de mètres en contrebas. Un chemin partait de là, longeait le bord d'un champ, menait, nous a dit le gérant, vers la fosse à lisier. J'ai pointé le hangar, affirmatif :

« Nous allons continuer par là. – Oh, ça ? a opposé le gérant. C'est juste la remise. » Comme c'était juste la remise, bien sûr, il n'y avait rien à y voir. C'était fermé, d'ailleurs, il n'avait pas pensé à en prendre les clés. J'ai dit que nous avions tout notre temps, que nous attendrions tranquillement pendant qu'il allait les chercher. Il est revenu quelques minutes plus tard, l'air plus buté qu'avant, porteur d'une colère sourde. Selon toute apparence, Hakim et moi étions officiellement devenus des emmerdeurs.

Dans la remise, la puanteur saisissait à la gorge, et faisait passer par contraste l'odeur du hangar principal pour l'iode piquant des bords de mer. Hakim a allumé sans attendre de permission. On ne discernait d'abord qu'un encombrement de tracteurs, de tondeuses à gazon, d'autres machines agricoles contre lesquelles s'entassaient des bidons cylindriques, des jantes, des roues de secours, en autant de pyramides instables que de grosses bâches bleues et grises recouvraient partiellement. Toutefois, en m'avançant un peu, en m'engageant dans le défilé précaire que laissait ouvert ce capharnaüm, je suis tombé – cœur qui bondit, sursaut du corps, qu'est-ce que c'est que ça ? – sur deux autres employés, armés de fusils à pompe, qui se tenaient là en sentinelles, devaient s'attendre à me voir venir, mais n'ont réagi à mon irruption que par un grommellement gêné et hostile. « Hakim. Hakim. » J'ai attendu qu'il me rejoigne. Alors que les deux types faisaient mine de vouloir nous barrer le passage, j'ai réussi, je ne sais comment (peut-être par un afflux subit d'adrénaline, ou parce que l'agacement d'être pris pour un con l'emportait sur la peur), à leur faire signe de s'écarter, d'un geste large des deux mains qui, à moins d'assumer l'escalade et que tout ne parte en vrille, n'admettait pas de réplique.

Derrière, il y avait un enclos fait de grosses barrières en bois, et qui peut-être avait été une écurie à l'époque où il était encore facile de posséder des chevaux. C'est là qu'ils avaient amené et jeté les hommes trop affaiblis ou esquintés pour être dignes de notre visite. Cela sentait pêle-mêle l'urine, le sang, le pus de plaies qui suppurent, le pourri de chairs qui se décomposent. Dans la partie droite de l'enclos, les corps avaient été balancés les uns sur les autres, et ils ne bougeaient plus ; mais à gauche, sur le sol de terre battue, allongés, accroupis, serrés les uns contre les autres, ils étaient trente peut-être à lever les yeux vers moi, avec des cris, des pleurs, des plaintes à fendre l'âme.

Le gérant a voulu causer encore, justifier ça aussi. C'était une quarantaine. On y mettait les plus malades, pour qu'ils ne contaminent pas les autres. Avec les risques d'épidémie, il ne pouvait pas faire autrement. Sa voix montait, tournait au roulement de tonnerre fou : « Signalez-le si vous voulez, de toute manière je n'ai pas l'argent pour faire mieux que ça. Vous pouvez y aller, me foutre des amendes puisque c'est tout ce qui vous intéresse, de toute façon je n'ai pas de quoi. Vous nous saignez, vous comprenez ? Vous nous saignez ! » J'ai pivoté pour lui faire face, à lui, aux deux gardiens de cet endroit, de ce mitard, de ce charnier, et je leur ai dit de dégager, de sortir de là immédiatement. Ils ont reculé en maugréant ; ils ne savaient pas exactement quoi dire, juste que c'était injuste, que ça ne leur allait pas.

À peine avaient-ils mis le pied dehors qu'une forme a bondi par-dessus la barrière de l'enclos. Elle m'a dépassé par la gauche – une femme, une de celles qui se trouvaient enfermées là – et a franchi la porte à double battant. J'ai couru à sa suite d'instinct, je l'ai vue foncer tête baissée entre le gérant et les gardes, et partir comme une dératée sur le chemin qui filait vers les champs. Les quatre éleveurs d'abord n'ont pas bougé. Ils n'en revenaient pas. L'insolence de cette fuite. Puis le gérant a glapi : « Vous voyez comme ils sont. Vous voyez ce qui se passe quand on les laisse sans surveillance ! » La fugitive s'éloignait par saccades, comme quelqu'un qui ne sait pas courir et que son poids embarrasse, mais décidée tout de même, portée par le fol espoir. « Salope ! a hurlé un des gardes. Oh celle-là, elle va prendre. » Il a épaulé son fusil. C'est à ça que servent les fusils. À ne pas avoir à faire le déplacement. Il a tiré un premier coup, rechargé aussitôt. Une nappe de brume montait de la rivière, envahissait le champ et commençait à nous couper la vue. « Baissez ce putain de fusil », je lui ai dit entre mes dents. Et j'ai posé une main que j'aurais voulue implacable sur le haut du canon. Le type m'a jaugé, stupéfait, partagé entre incompréhension et commisération, avec l'air de trouver que vraiment je planais, que l'on ne vivait pas dans le même monde. Là-bas, j'avais cru voir la femme tomber. Mais il n'y avait pas moyen d'être sûr : les silhouettes à cent mètres devenaient des fantômes. Elle pouvait aussi avoir dérapé et s'être ensuite reprise, ou s'être jetée à terre, ou avoir tenté un crochet dans l'espoir d'éviter les balles.

Je leur ai dit de ne pas bouger, que j'allais la chercher. Ils m'ont vivement déconseillé de le faire. Avec ce brouillard dense, avec la pluie des derniers jours, tout ce que je gagnerais serait de me perdre, de patauger, peut-être même de glisser dans la fosse à lisier. Ils tenaient à me prévenir : on n'en ressortait pas. Puis quoi, enfin ? Si elle était morte, ils pourraient toujours se charger de récupérer le corps plus tard, et si elle avait réussi à se barrer, ce n'était pas dans cette purée de pois qu'ils allaient s'amuser à se lancer dans une traque, surtout pour une malade qui ne valait rien et qui sans doute n'en avait plus pour longtemps. J'ai dégainé l'ironie sèche. Je ne les croyais pas vraiment en position de me donner des conseils. Mon collègue allait poursuivre la visite avec eux, continuer de constater l'étendue des dégâts, la profondeur de leur incurie – moi j'allais voir ce qu'il en était là-bas, que ça leur plaise ou non. Le jeune gars à la main bandée a voulu me donner un des deux fusils, au cas où elle essaierait de m'attaquer. Je l'ai toisé du regard : je n'en avais pas besoin ; je ne comptais frapper personne, moi. « Comme vous voulez, a soupiré le gérant. Si vous tenez tant que ça à respirer de la merde. »

M'engloutir dans la brume. Ne plus voir ces quatre-là, les faire disparaître de ma vue, au moins pour un moment. Marcher, marcher. J'ai avancé sur le chemin, aussi vite que me le permettait la boue qui aspirait et retenait à chaque pas, dans un glougloutement dégueulasse, la semelle de mes bottes. Je suivais encore les empreintes, la piste, mais avec d'autres idées en tête, cette fois. Malgré le masque, j'ai compris rapidement ce que le gérant avait voulu dire. Aux abords de la fosse où ils stockaient, avant de procéder à leur épandage, les tonnes d'urine et d'excréments que rejetait chaque jour leur troupeau d'hommes, l'air était saturé d'émanations toxiques et d'odeurs d'ammoniac. On la sentait, la fosse, avant d'en voir même les contours. On était obligé de se guider à l'odeur pour ne pas trop s'en approcher. À force de ralentir, de plisser les yeux, j'ai fini par l'apercevoir – un grand réservoir de béton circulaire, dont on devait mettre, autant que je pouvais en juger, quinze vingt minutes à faire le tour. Le lisier était jaunâtre, agité de bouillons. Avec les fortes pluies, il débordait aux alentours, et les phosphates devaient être en train de s'infiltrer dans les sols, de rejoindre la nappe phréatique. Cela aussi, ai-je pensé une seconde, cela figurerait dans le rapport.

Puis je n'ai plus rien pensé. J'ai repéré sa silhouette à terre, à quelques mètres de là. Elle était couchée sur le dos, immobile et haletante. La balle apparemment ne lui avait qu'éraflé le bras droit, le reste de son corps était couvert de terre, mais pas ensanglanté. La graisse lui déformait le visage, le ventre, les cuisses, chargeant ses os qu'on ne distinguait plus, l'empêchant de se relever maintenant qu'elle était tombée là. Sur sa peau brune, une maladie rongeuse éclatait en plaques irritées. Je me suis penché vers elle pour mieux voir, mais c'est moi qui soudain me suis retrouvé vu. Il y avait, dans son regard écarquillé, un tremblement de lumière liquide, si déchirant qu'il empêchait de regarder ses yeux. Une angoisse qui s'élevait, muette, palpable, et en même temps une force. J'ai compris qu'elle s'attendait à ce que je sois venu l'achever. J'étais la mort au-dessus d'elle – le verdict – le point final. Elle croyait ça, sûrement, ou le sentait. Mon ombre lui masquant le ciel, et puis plus rien. Si c'était ça l'histoire qui allait suivre, moi qui lève une matraque sur elle, moi qui me débarrasse du problème en lui fracassant le crâne, alors j'ai été pris de la volonté irréversible de ne pas raconter cette histoire, de ne pas suivre la pente.

Elle n'ouvrait pas la bouche. Mais ses yeux étaient là qui me parlaient un grand langage. Sans me quitter une seconde, ils me lançaient l'adresse. Posaient question, appelaient réponse. Ils disaient : Si tu existes aussi, réponds. Si tu existes, réponds. J'y repense aujourd'hui. Elle ne connaissait rien du monde. Tout autour de nous était laid, putride, la boue, les émanations du lisier, rien vraiment qui puisse faire envie. Et pourtant je le lisais en elle, à livre ouvert sous le ciel ouvert, le désir de vivre indéniable. Elle était sans défense, absolument, face à l'imminence de sa mort. Une jeune femme de quinze ans peut-être, qui avait fait son temps, qui allait mourir sous les coups, ou de sa maladie, ou égorgée à l'abattoir. J'ai eu honte brusquement de la voir nue, de la trouver à ce point désarmée, d'être l'un de ceux qui inspectaient les installations de son enfer, contrôlaient l'organisation de sa souffrance et la mécanique minutée de son assassinat pour vérifier que tout allait bien. Est-ce qu'elle avait honte, elle aussi, de la vie qu'on lui faisait mener ? À la voir, en tout cas, nous partagions l'angoisse. J'avais peur comme elle avait peur. Je voulais vivre, mais comme elle une vie différente. J'étais étendu dans la boue, moi aussi – bien sûr que je l'étais – le souffle court, le corps fragile, envahi par la mort qui vient.

La brume nous enveloppait. Elle avait épaissi, encore, on ne distinguait plus rien des bâtiments de la ferme. Je dois la bascule de ma vie à cette nappe de brume-là. Je me suis accroupi pour la prendre dans mes bras. Elle a frémi, rué des jambes pour me repousser. Comment lui faire comprendre que, même si j'étais peut-être le premier de ce genre, je ne lui voulais pas de mal ? Je lui ai montré mes mains vides. « Attends, attends. Ça va aller. » J'ai pris la gourde d'eau dans mon sac, j'ai humecté ses lèvres sèches, je l'ai fait boire, à petites gorgées, avant de nettoyer sa plaie. Quand j'ai essayé de la soulever, de nouveau, une minute plus tard – il faut y aller, je t'assure, il faut y aller – elle ne s'est pas débattue.

J'ai regagné le chemin avec elle dans mes bras, et j'ai marché, marché, en continuant de m'éloigner de l'exploitation, jusqu'à trouver une sente qui descendait vers la rivière. Au-dessus de nous, bruissants, longilignes, les peupliers n'avaient plus que de rares feuilles jaunes, et des branches nues et noires qui perçaient par endroits la brume. Par chance, à deux cents mètres de là, il y avait une écluse, qu'on contrôlait depuis un poste sans doute à l'abandon, simple cube de béton sans fenêtres, couvert de lierre et de mousses. Du bout de mes bottes, j'ai déblayé l'amas de feuilles mortes qui obstruait l'entrée. Les gonds de la porte ont crissé, horriblement, puis cédé sous notre poids. Je l'ai allongée sur le banc de bois, et j'ai disposé tout près d'elle ma gourde, et quelques-unes de ces barres de céréales incrustées très inégalement de raisins secs et de morceaux de noix que j'emporte toujours quand je travaille pour calmer mes fringales. « Je vais revenir. Tu ne t'inquiètes pas. Tu restes tranquille. Tu m'attends là, surtout. D'accord ? » Elle ne réagissait à rien, mais j'ai répété plusieurs fois, avec des signes, des mots, tous les langages dont je disposais, dans l'espoir qu'elle saisisse au moins le sens général. Attendre. Ne pas s'enfuir, car sans mon aide elle n'aurait aucune chance.

Une fois sorti, j'ai bloqué la porte du poste avec sa barre de fer, en combattant la voix qui me murmurait que je l'enfermais de nouveau. J'ai remonté le raidillon, couru à petites foulées jusqu'au domaine. Entre-temps, Hakim avait appelé le service sanitaire pour couvrir nos arrières, pris des photos, filmé tout ce qui lui paraissait prendre des libertés manifestement excessives avec la réglementation. Même si les quatre éleveurs, autour de lui, avaient choisi, selon toute apparence, d'abandonner leurs vitupérations, et endossé le calme des bourreaux qui ne comprennent pas ce qu'ils ont fait de mal, il s'est montré très soulagé de me voir revenir enfin. J'ai dit que je n'avais pas trouvé le corps, mais inspecté la fosse, en revanche, qui n'était pas non plus aux normes. Et tandis que, pour cacher mon trouble, je m'étendais sur le sujet, je l'imaginais, elle, debout contre la porte métallique, qui tambourinait de ses poings, ne comprenait pas pourquoi je l'avais abandonnée, hésitait à appeler au secours.

Nous avons repris le chemin de la gare. Sur le trajet, à voix haute, tâtonnante et pensive, Hakim s'interrogeait, en déclinant les hypothèses, sur ce que pourraient donner les poursuites que nous allions engager. À se fier aux précédents que nous connaissions tous deux, il craignait – c'est ce qui s'est passé ensuite, d'ailleurs – que l'élevage ne s'en tire avec une amende, et qu'elle ne dépasse pas le chiffre d'affaires d'une quinzaine de jours. Moi je ne disais rien. Cette journée, dans mon corps, avait déjà duré mille ans, et elle était loin d'être finie.

Tandis qu'Hakim rendait la voiture, j'ai fait semblant de recevoir un appel. Un ami qui habitait en ville, que j'avais prévenu de mon passage, et que je n'avais pas vu depuis l'habituel sacré bail, m'invitait à rester dormir. Nous n'avions pas d'obligations le lendemain, je venais de dire oui. Avant de reprendre son train, dans le hall de la gare, Hakim m'a demandé si ça allait, si j'allais bien. J'ai dit très bien. Il m'a demandé si j'étais sûr. Je lui ai avoué que je trouvais ce métier fatigant, que j'en avais marre, un soir comme celui-ci, mais que ça allait passer, avec un peu de repos. Il m'a quitté avec la mine de celui qui se doute de quelque chose, mais qui se dit qu'au fond ça ne le regarde pas.

Je suis sorti de la gare. J'ai loué un autre véhicule, et dans la nuit tombée, répandue sur toutes choses, d'une noirceur à peine veinée de gris, je suis revenu sur les lieux, en essayant de passer au large du domaine. J'ai mis du temps. Les petites routes perdues dans le noir, quand on ne connaît pas le pays, que l'automne embrouille et noie tout, vous savez comment c'est. La rivière murmurait tranquille, presque rassurante. Dérangés par le faisceau de ma lampe, les crapauds montés sur les berges regagnaient d'un bond l'eau, d'où s'élevait une odeur d'algues.

À l'intérieur du poste d'écluse, elle était encore là. Le bruit l'a réveillée, lorsque je suis entré, elle s'est recroquevillée en position fœtale, les mains passées autour de ses genoux, la tête sortant à peine, en masse compacte qui va mieux résister aux coups. J'ai dirigé ma lampe vers moi pour qu'elle reconnaisse mon visage. Je me suis accroupi loin d'elle, j'ai passé dix minutes à lui parler d'une voix régulière et douce, sans m'approcher. Je lui ai parlé de ce que nous allions faire, des épreuves qui nous attendaient, de la manière dont nous allions les surmonter, de la ville où j'habitais. Comme ça ne suffisait pas, qu'il fallait trouver d'autres mots encore, l'envelopper encore de ma voix, je lui ai dit des choses très personnelles, que je n'avais je crois jamais dites à personne, que je ne connaissais pas moi-même avant de les lui confier ; je lui ai parlé de ce que j'avais vu de plus beau sur cette terre ; j'ai fredonné, de la gorge et des lèvres, quelques-unes des choses les plus émouvantes que je savais chanter. Phrase après phrase, son tremblement s'est fait moins fort ; j'ai senti que ses muscles se relâchaient un peu. Au bout d'une demi-heure, alors que je lui tendais les grappes de raisin et les poires que j'avais achetées pour elle tout à côté de la gare, elle a saisi ma main. Je ne savais pas que ça me bouleverserait, un jour, que quelqu'un accepte de me prendre la main.

Nous nous sommes mis en route. Tant qu'il a fait nuit noire, elle est restée assise à côté de moi, à regarder défiler l'asphalte. À l'aube, avant que nous n'entrions dans les banlieues de cette ville où j'habite, je me suis arrêté, j'ai molletonné le coffre de couvertures et je lui ai fait comprendre qu'elle devait y entrer, pour ne pas qu'on la voie.

Saskia m'attendait au salon. Je l'avais prévenue que je ne serais là qu'au matin. Elle lisait à la fenêtre, pas réellement inquiète, mais surprise, et curieuse, car ce changement de plans inopiné ne me ressemblait pas.

Chaque fois que nous en avions parlé, nous avions conclu, après avoir refait ensemble le raisonnement, parcouru ses étapes, inventé d'autres digressions, que nous ne voulions pas d'animal ou d'humain de compagnie. Je me sentais déjà souvent trop sédentaire, et victime de la vie pratique, j'avais peur que pareille présence ne nous crée encore plus d'obligations, et ne nous assigne pour de bon à demeure. Mais face à elle – que nous allions appeler Iris – qui regardait chaque objet et chaque meuble de la maison avec des mimiques stupéfaites, qui nous suivait dans les couloirs, ne voulait plus lâcher notre main une fois qu'on la lui avait donnée, qui réagissait aux caresses et aux taquineries d'abord circonspectes de Yanis avec des débuts de rire dans la gorge, le problème était neuf, et absolument différent de s'être soudain incarné.

Les images du hangar me revenaient par à-coups, elles savaient toujours où me trouver. Je me disais : Une au moins. Une au moins. Saskia était d'accord. Cela lui paraissait une transgression capable de nous souder – le signe secret mais pour nous manifeste que nous étions différents de beaucoup de gens de notre entourage, que nous n'avions pas abdiqué tout esprit de rébellion en dépit des dégâts que provoquaient l'âge et la routine. Cela ferait, qui plus est, une compagnie à Yanis, alors que nous nous doutions tous deux que la surpopulation allait durer, et qu'il ne nous serait pas permis de faire un autre enfant.

Nous n'avons rien tranché d'abord. Elle m'a dit essayons. Ce jour-là, j'ai pensé comme j'étais heureux et fier de vivre avec cette femme. Lorsque nous avons transporté Iris au cabinet de Saskia, les examens n'ont rien révélé de grave. Sa maladie de peau, correctement soignée, disparaîtrait en quelques semaines, ou ne reviendrait que par crises ponctuelles. Le plus gênant restait le matricule qui lui flétrissait l'épaule droite. À le voir, n'importe qui pourrait se rendre compte, même sans se montrer inquisiteur, qu'elle venait d'un élevage, et il suffirait ensuite de le flasher pour remonter la piste et savoir précisément d'où. Il n'aurait pas été difficile à Saskia, avec ses mains de couturière, de découper cette parcelle de peau, puis de rapprocher les bords de la plaie, en se fiant à l'élasticité de l'épiderme pour qu'il se reconstitue, mais c'était sans compter qu'une cicatrice à cet endroit, aussi discrète soit-elle, éveillerait les soupçons. En désespoir de cause, après avoir beaucoup tergiversé, Saskia l'a anesthésiée et a brûlé toute la zone au laser, pour rendre crédible la thèse de l'accident, celle du fer à repasser qui tombe, ou de l'huile bouillante que par mégarde on lui aurait renversée dessus. Quand elle s'est rétablie, nous l'avons prise chez nous. En peu de mois, étonnamment, nous avons réussi à la sevrer de ses antibiotiques, à l'accoutumer à de nouveaux aliments. De la graisse qui la tendait de toutes parts, elle a gardé des vergetures, aux cuisses, aux fesses, en arcs parallèles pâles, mais pour le reste son corps a retrouvé ses formes spontanées.

Et pendant tout ce temps, je me demandais, est-ce que c'est de la folie ? Est-ce que c'est nous qui sommes des fous, ou bien est-ce que c'est le monde, autour de nous, puisqu'il nous contraint à faire ça ?

C'est peut-être six mois plus tard. Je me rappelle très bien le moment. Nous étions au salon. Elle jouait avec

Yanis, sur le parquet que les stores baissés striaient de lumière et d'ombres. C'était, comme très souvent, un jeu qu'il avait inventé lui-même, en dessinant la carte, en concevant chaque figurine, et l'arsenal des règles, et leurs moindres exceptions. Le genre de jeu de stratégie, en l'occurrence, qui s'ouvre par l'arrivée, en un temps archaïque et indécis, de quelques pionniers sur une terre vierge, dont il va falloir exploiter les ressources pour construire toute une colonie qu'en quelques jours de jeu assidu, immersif, obsédant, au fur et à mesure que les investissements qu'on réalise permettent des avancées techniques, on fait progresser pas à pas vers la modernité, en un résumé fulgurant d'histoire universelle. Sur la carte étalée, les montagnes hérissaient leurs pics vertigineux, qu'aurait bien du mal à franchir une armée d'éléphants. Partout sur l'étendue des mers, Yanis avait dessiné de fins liserés ondulants pour marquer le mouvement des vagues, et fait surgir, non loin de la silhouette d'un trois-mâts, le panache de vapeur que lancent en remontant donner de leurs nouvelles à la surface ces monstres marins que d'abord on prend pour des îles. Yanis expliquait à Iris comme si elle pouvait tout comprendre, elle se contentait de hocher la tête et de répéter après lui.

« Iris. Regarde ce qu'on va faire. Ici, on va planter plus de forêt, des arbres pour construire des maisons. Et puis ici. Iris. Regarde. Ici c'est l'océan. Au bord de la côte, là, on pourrait mettre une digue. Mais on va attendre un petit peu, tu vois, parce que si on attend on mettra plutôt des turbines. Et les turbines c'est mieux. À long terme, comme choix, c'est plus intelligent qu'une digue. »

Allongée sur le ventre, les mollets relevés, ses pieds croisés et décroisés battant l'air d'une mesure invisible, Iris buvait les paroles de Yanis, qui expliquait chaque chose sur le ton docte et grave qui selon lui convenait au jeu. Car le jeu, pour toi, Yanis, quand tu étais plus jeune, ce n'était vraiment un jeu que si on le prenait très à cœur, et que pour un moment plus rien d'autre n'existait. Iris te regardait, t'imitait, apprenait. Elle disait océan. Elle répétait forêt, turbine, route, pointait du doigt la mine, l'aqueduc et la scierie. Je me suis dit que j'avais bien fait. J'avais eu raison de prendre le risque. J'avais raison, maintenant, de vivre avec le risque. Elle répétait pompiers, école, musée. Colline, canal, restaurants, parc, mot après mot, et avec des intonations semblables, comme un petit écho obstiné. Elle répétait soleil.

8

Cela a sonné cinq fois, aujourd'hui, dans ma tête. Que je les aie attendues ou non, que le résultat immédiat en ait été heureux ou malheureux, chacune de ces sonneries était plus inquiétante. L'histoire se répète dans des recoins inconscients depuis longtemps déjà : on m'appelle et je dois répondre. Les appels se font plus pressants, avec le temps qui passe, et les réponses doivent être à la hauteur. La vieille angoisse qui me tient compagnie, c'est que vienne le moment où je ne pourrai plus suivre. Où je serai trop tremblant, incertain, où je ne trouverai pas de bonne réponse car je serai devenu incapable de répondre de moi-même. Je me dis depuis des années que cette peur rejoindra mon présent. Et après cette journée où la victoire et la défaite ont dansé leur terrible pas de deux, je crains que le jour ne soit venu, que ce soit demain ou que ç'ait été aujourd'hui.

À la première sonnerie, celle de l'interphone, tôt ce matin, j'étais en train d'essayer de tenir à distance la démence. C'est quand je me disperse dans les gestes les plus simples, que je perds toute suite dans les idées et ne finis plus rien. Je commence à m'habiller, mais m'interromps pour regarder les titres des actualités, et de nouveau, sans les avoir lus jusqu'au bout, pour écrire à quelqu'un ; ensuite, sans avoir envoyé le message, ni même avoir fini de l'écrire, je me surprends à parcourir les pièces, une à une, sans savoir ce que je cherche ni pourquoi je suis à moitié nu. Elle est là tous les jours, la démence, à me guetter, à se réjouir de faire tomber un démon, mais elle attaque avec plus d'audace insolente quand elle sent que ça ne va pas fort. Pour la contrer, je sais qu'il faut redoubler d'abord de lenteur, puis d'attention. Enchaîner les gestes non plus comme s'ils avaient un but pratique, mais en les tenant pour les éléments d'un rituel dont il est inenvisageable de sauter une étape. Faire en sorte que chaque geste devienne une unité de temps et de sens. Se donner, très tôt dans la journée, le plaisir d'avoir fait des choses jusqu'au bout, même si ce sont de très petites choses.

Ce matin, j'y attachais une importance particulière, car la journée était marquée. Si je commençais à faillir sur des détails, les épreuves qui se dessinaient – à l'Assemblée, à l'hôpital – ne me laisseraient aucune chance. Alors j'avais tenu à faire les choses dans l'ordre . j'étais sorti de l'eau fraîche de la baignoire où je passe la nuit ; je m'étais séché ; habillé avec les vêtements que j'avais préparés la veille. Et quand cela a sonné, j'étais en train de couper en tranches une orange dont le jus me ruisselait sur les doigts ; je m'apprêtais à aller sur la terrasse chercher des feuilles de menthe, à les rincer longuement, à les ciseler pour décorer l'assiette. Ces opérations que je dirigeais de main de maître me rassuraient. Elles me laissaient penser que j'étais capable de faire comme si elle était là, que la vie suivait son cours, alors qu'elle n'avait pas bougé de son lit d'hôpital, ne me voyait pas et sûrement ne pensait pas à moi.

La voix à l'interphone s'est avérée être celle de la concierge. On avait livré un colis pour moi. Une mallette. Elle l'avait fait passer au détecteur, qui n'avait pas bipé plus fort qu'il n'est d'usage. Est-ce qu'il fallait qu'elle me l'apporte ? Est-ce que je descendais ? J'ai hésité. Le café commençait à siffler sur la plaque, et mon timing était serré. Je lui ai dit de la déposer dans l'ascenseur, que je la récupérerais en haut. Ensuite, pour que ça ne se perde pas en route, j'ai attendu sur le palier en me demandant ce que ça pouvait bien être. Une mallette grise de taille moyenne. À la regarder sous toutes ses coutures, à la soupeser, je n'ai trouvé aucun indice. C'est ça le principe d'une mallette : tant qu'elle n'est pas ouverte, on ne sait pas ce qu'il y a dedans. Je l'ai posée sur la table basse, en me convainquant presque à voix haute de ne pas donner dans le piège, et de finir avant tout de préparer ce foutu petit déjeuner.

Dès que j'ai ouvert les yeux, ce matin, je me suis dit qu'on était le 17. Mon esprit était prêt à cela, la date s'était gravée. L'ironie de la chose, c'est que lorsque je répétais : donc ce sera le 17, je ne pouvais pas savoir que ce jour compterait double. Il y avait l'aujourd'hui prévu depuis longtemps – l'examen de la loi, séance plénière, à l'Assemblée – et l'aujourd'hui programmé tard hier – cette greffe que les médecins devaient tenter pour Iris.

La viande, le sang avaient persécuté mes rêves, gouttant sur le texte du projet de loi jusqu'à le rendre illisible. Dans l'eau de la baignoire, j'avais tenté pourtant de river mes pensées sur mes azulejos, les gréements des bateaux, célestes entre nuages et vagues, tenté de convaincre mon esprit de larguer les amarres avec eux, mais rien n'y avait fait. La musique d'Iris me manquait. Sa main tenant ma main. J'entendais la chirurgienne m'annoncer, appliquée et précautionneuse, que son état était stabilisé, qu'une greffe paraissait jouable. Puis sa voix de nouveau, plus conquérante au bout du fil, alors que j'étais déjà rentré chez moi : nous avons un greffon, le plus vite sera le mieux. Autrement dit, Iris allait repasser sur le billard tandis que je serais coincé en séance, sans savoir combien de temps cela pouvait durer, sans aucun moyen de m'éclipser. Cela ne me réjouissait pas trop, cette concomitance infernale – mais qui décide, qui a le choix, qui est le maître de ces choses-là ?

Hier, quand la chirurgienne a refermé la porte de sa chambre, Iris s'est retournée vers moi avec un sourire douloureux. « Je vais dépendre encore plus de toi. C'était pas ça, l'idée. » Et comme je ne trouvais pas quoi dire : « Désolée, hein, mais je déteste de plus en plus ça, être dans la dépendance. » Blessé, méchant, j'ai pensé une seconde, mais débrouille-toi ma grande. Par chance, je suis de ceux qui ne disent pas aussitôt ce qu'ils pensent, pas de ceux qui parlent beaucoup mais ne pensent pas tout ce qu'ils disent. *C'était pas ça, l'idée*. J'imagine bien. Seulement quand je lui demande ce que c'était, elle détourne les yeux, se dérobe et ne cherche même pas à le cacher. Cette nuit, mes rêves m'ont annoncé, avec toute la clarté dont ils se trouvent aussi capables : Je suis en train de l'aider à s'en sortir, elle est en train de me quitter. Si l'opération réussit, si elle se remet, elle attendra un peu, le temps d'un délai de grâce, puis m'annoncera qu'elle ne veut plus vivre sous mon toit. Les rêves disent vrai, peut-être. Ou peut-être pas. Je n'ai pas moyen de savoir, elle ne finit pas ses phrases, et les phrases quand bien même pourraient n'être que des phrases. D'ailleurs, cela ne change rien pour moi : même si elle m'abandonne ensuite, il faut d'abord que je la tire d'affaire.

Pour changer de sujet au bout d'un moment, ne pas s'attarder sur ceux qui fâchent, j'ai parlé de la loi à Iris. Comme je m'en doutais depuis quelques semaines, l'agenda législatif marquait le peu d'importance que la majorité accordait au texte, dont l'examen ne devait pas dépasser une journée, coincé entre le débat sur les nouvelles règles d'urbanisme et la réforme marathon du secteur de l'énergie. Le texte sur lequel le comité d'éthique s'était mis d'accord avait beau ne comprendre qu'une douzaine d'articles, je craignais que cela ne nous donne pas le temps d'explorer le cœur du sujet, et que chacun ne se détermine à partir des préjugés qu'il nourrissait déjà.

Iris savait les mois de travail que cela représentait pour moi. J'allais sûrement devoir monter en première ligne et me retrouver exposé, alors que contrairement à d'autres ce n'était pas par fausse modestie que j'affirmais ne pas aimer cela. En temps normal, elle se serait montrée encourageante, m'aurait fait raconter, pour que je lui dise sous quelle forme ponctuelle s'actualisait cette fois-ci mon anxiété de toujours. Mais comme elle avait peur de l'opération – je pense – et qu'elle ne voulait pas se l'avouer, elle a choisi plutôt de se passer les nerfs, de transmuer son angoisse à elle en agressivité. « Vous allez discuter de notre sort, mais nous ne serons pas là. Ça sera comme d'habitude. Vous allez être entre congénères, la seule espèce représentée. Les seuls animaux dans la salle. Pas une voix dissonante qui vous empêche de ronronner. »

Et nous faisions toujours comme ça. Quand nous parlions de la forêt, dans le périmètre de l'Assemblée bouclé à double tour, nous convoquions des chiffres drus, des arbres théoriques, mais ils n'étaient pas là, frémissants devant nous. Quand nous fixions les règles de la navigation en zones extraterritoriales, ou de la pêche en eau profonde, nous ne laissions pas les vivants des abysses se propulser vers nous ; et s'ils étaient venus soudain, miraculeux, nous n'aurions pas daigné les regarder, nous aurions prétexté que leurs yeux étaient inexpressifs, ou qu'ils n'avaient pas de visage, pas de face qui nous fasse face, et pourtant c'était d'eux que nous parlions, leurs existences que nous tranchions.

Oui. Accordé. C'est comme ça que les choses étaient. Nous allions, Hakim Dotzer, et d'autres, et moi, tenter de parler pour les hommes, mais en quelque sens que l'on torde la chose, nous ne pouvions pas prétendre être eux, nous les représentions moins bien qu'ils ne se seraient représentés eux-mêmes. Et en rentrant chez moi, hier, je me suis demandé, dans la ville noyée de pollution : comment prend-on en compte les intérêts de ceux qu'on ne voit pas, ou qui ne parlent pas, ou auxquels on se refuse par principe à donner la parole ?

Lorsque j'ai ouvert la mallette, j'ai compris que je ne devais pas être le seul, ce matin, à recevoir un colis de ce genre. C'était du matériel conçu par des militants de la cause animale et plus spécifiquement humaine. Elle contenait des argumentaires juridiques, qui ne dépassaient pas la longueur de tracts mais frappaient fort et juste. Elle contenait, sautant aux yeux, et insoutenables, des photographies réalistes de nos têtes sur les étals ou de nos corps sous cellophane – les visions cauchemardesques d'un monde où, par un renversement inattendu, inexpliqué, nous incomberait le sort que les hommes réservaient aux autres animaux et que nous réservons aux hommes. La tablette, à peine effleurée, lançait une vidéo où un éleveur témoignait de sa fatigue de traiter ses animaux et ses humains comme les détenus d'un camp ; les ouvriers d'un abattoir prenaient le relais, se plaignaient de patauger dans les viscères, expliquaient qu'on ne les traitait pas mieux que les bêtes qu'ils étaient chargés de liquider, que le respect des animaux, des hommes et des personnes de notre espèce semblait devoir aller de pair, et qu'en l'occurrence de respect il n'y en avait pas, que leurs articulations étaient usées par la cadence, que leurs regards en peu de temps – et cela se voyait – se vidaient et ne pouvaient plus se poser sur rien.

Surtout, il y avait des portraits d'hommes et de femmes de soixante-dix ou de quatre-vingts ans ; leurs prénoms et leurs âges, en légende, attestaient qu'ils n'avaient rien de fictif, soit qu'ils aient vécu avant notre prise de pouvoir, soit qu'ils aient échappé, sans qu'on sache bien comment, à ce terme de soixante ans que nous avons fixé. Et de ces visages tels que nous nous sommes interdit d'en croiser dans nos villes se dégageait une étrange beauté, de ce qu'ils plongeaient, intrigants, et marqués, et solides, dans des profondeurs de temps perdu. Dans sa conception autant que dans sa facture, tout ce matériel était plutôt habile. Il était fait pour s'adresser à plus d'une forme de sensibilité. Pourtant j'ai grimacé en le déballant, car l'envoi trop tardif me semblait maladroit, et trahir une connaissance dangereusement lacunaire du fonctionnement mental de nos députés, qui n'aiment rien aussi peu que d'avoir l'impression qu'on leur force la main.

Alors que j'allais refermer la mallette, je suis tombé sur un portrait à l'encre. Le visage d'une vieille femme. Une auréole de cheveux blancs lui éclairait le front et les tempes, ses rides participaient d'une écriture déliée où se lisait la répétition des sourires, et comme un équilibre savant, face aux épreuves, de la volonté de résilience et de la résignation. En regardant le dessin de près, j'ai souri, à mon tour. J'ai reconnu la griffe, le style d'Iris, inconfondable. Je ne sais pas si c'était la bande de Léo Ostias qui organisait ces envois, mais ce portrait-là était de sa main à elle, en tout cas. J'ai eu l'impression alors que malgré tout, au seuil de cette journée, elle m'adressait un signe, une sorte d'encouragement, une marque concrète que chacun aidait l'autre autant qu'il le pouvait. On ne pouvait pas savoir combien de temps ça tiendrait, elle et moi, mais le combat du moins était commun.

Un chaudron où tournent les passions, à gros bouillons, sans se purifier. Un cirque dont le sable, s'il y en avait, se teinterait bientôt de sang. Un creuset où l'acharnement se solde cent fois par du plomb avant de produire des lamelles d'or. Nos journalistes – mauvais poètes – ne sont jamais à court de métaphores réflexes pour parler de notre Assemblée. C'est un bâtiment circulaire, aux murs épais et isolants, organisé autour de l'hémicycle qui peut contenir les trois cents représentants que nous élisons dans le pays et, quand la séance est publique, encore cent personnes au balcon. Le président se tient au perchoir ; les élus qui défendent un projet de loi montent s'exprimer depuis la tribune ; mais ceux qui ne se sont jamais présentés devant le suffrage populaire, ou qui n'ont pas de mandat pour l'heure, membres de l'exécutif, experts, simples rapporteurs comme moi, parlent depuis le parterre, en levant le menton vers les bancs d'où descend la pluie accablante des regards.

La loi relative à l'amélioration des conditions de fin de vie des hommes comportait deux volets. Il s'agissait, d'une part, de repousser de soixante à soixante-dix ans l'âge de la mort programmée pour nos humains de compagnie et les hommes-travailleurs ; et puis, du côté des humains d'élevage, de mieux réglementer l'abattage. Et le texte allait être discuté là, dans cette enceinte où, pour ne jamais être à court de munitions, les députés ont demandé à leurs assistants des centaines de fiches lapidaires ; là où bientôt, pourtant, les arguments de fond laissent place aux attaques personnelles, ou bien aux amendements absurdes, conçus à la va-comme-je-te-pousse simplement pour faire obstruction ; là où des adultes qu'on croirait raisonnables se chamaillent vite comme des gamins, lancent des cris de ralliement pour fondre sur ceux qu'ils ont élus pour proies, cherchent à s'avérer ceux qui parlent le plus fort, manifestent un ennui absolument ostentatoire ; là où tout ce qui peut fatiguer l'orateur, lui faire perdre contenance, le pousser à un lapsus qui tournera ensuite en boucle sur le réseau est jugé de bonne guerre, et où en dépit des coups bas, de cet infantilisme, de la fatigue, les lois de notre pays, de compromis insuffisant en compromis insuffisant, deviennent j'espère un peu meilleures.

Avant que mon tour de parole ne vienne, j'ai pris Hakim à part pour le tenir au courant de la situation d'Iris. Il a été convenu qu'il se substituerait à moi, au cas où, plus tard dans la journée, je jugerais vraiment impératif de prendre la tangente. Il a été convenu aussi que j'éviterais de le faire dans la mesure du possible, pour ne pas nous attirer de questions inopportunes.

Le moment s'est rapproché, rapproché. Je me croyais attentif à tout, mais sans que je l'aie vu venir, on a soudain appelé le rapporteur Malo Claeys. Alors cela a sonné une deuxième fois dans ma tête. Si tu existes, réponds présent. Si tu veux te montrer à la hauteur, avance-toi, c'est maintenant. Le micro, près de mes lèvres, était un animal plus impavide, qui me fixait, attendait je ne sais quoi. J'avais la première phrase sur le bout de la langue depuis une éternité, et je l'ai dite. Puis j'ai jeté un coup d'œil sur le papier, lu mentalement la deuxième phrase. J'ai relevé le menton, parcouru l'Assemblée des yeux, et je l'ai dite. C'est comme ça que je me suis mis à parler.

Pour commencer, j'ai rappelé l'espérance de vie des hommes. Si on les laisse mourir d'une mort naturelle, ils sont nombreux à dépasser les quatre-vingt-dix ans. En pratiquant l'euthanasie systématique la soixantaine venue, c'est de plus d'un tiers de leur vie que nous choisissons de les priver. Comme chacun dans cet auditoire le savait, cela faisait des années que les hommes nous suppliaient de mettre un terme à cette grande injustice. Au comité d'éthique, nous nous étions demandé ce qui pourrait nous inciter à modifier la loi. Et après avoir étudié le problème avec autant d'application que possible, nous avions conclu que non seulement notre société s'honorerait de cette réforme, mais qu'elle en retirerait de nombreux bénéfices.

« Car les hommes et les femmes de soixante ans que nous euthanasions, ils ont eu le temps de travailler, bien sûr, mais ils se sont toujours trouvés en première ligne et n'ont pas eu le temps de transmettre. En les éliminant si tôt, nous nous privons du recul qu'ils sauraient apporter face à une étendue de problèmes qui continuent de se poser à nous, ou que vont rencontrer leurs descendants, et dont nous n'avons pas idée. »

À travers les époques, ai-je poursuivi, les sociétés les

mieux organisées avaient toujours admis que l'utilité des anciens faisait plus que compenser la diminution des services qu'ils étaient en état de rendre. En rompant toute continuité généalogique, le risque que nous prenions était de conforter encore la propension à la myopie qu'avaient naturellement les hommes, d'en faire des êtres qui n'auraient plus aucune idée de l'histoire dans laquelle ils s'inscrivaient, faute de la voir autour d'eux incarnée, vivante chez des gens plus âgés qui pouvaient en faire le récit. Surtout, consentir un geste en leur faveur, leur accorder non pas trente, ou vingt, mais simplement dix années de plus, c'était recréer un espoir. « Si certains vivent leur assujettissement comme une peine – et ne nous voilons pas la face, ils sont nombreux à ressentir les choses de cette manière –, alors par la réforme que nous proposons ce ne sera plus du moins une condamnation à vie. » Leur promettre ce repos au terme de leurs efforts, cela contribuerait aussi grandement à apaiser un certain nombre de tensions, entre eux, ou bien entre eux et nous, qui, se compliquant les unes des autres, finissaient par mettre en péril l'équilibre de notre société.

Bien sûr, la mesure était ambitieuse, et le comité avait longuement réfléchi aux moyens de la rendre économiquement viable. Ce que nous suggérions, c'était que les hommes passent cinq ans de plus au travail, à former de plus jeunes, puis connaissent cinq années de liberté. Et que ces cinq dernières années soient en quelque sorte le temps de leur autonomie, financé par des cotisations qu'ils auraient versées tout au long de leur carrière, afin de ne représenter une charge supplémentaire ni pour leurs employeurs ni pour les contribuables.

Quant à la réglementation des abattoirs, au deuxième volet de la loi, le problème était tout différent, bien sûr, mais il présentait plus encore un caractère d'urgence. Nous devions prendre conscience que les abattoirs étaient la honte de notre société, son cœur noir et sanglant que nos descendants pointeraient pour nous démontrer comme nous avions pu, malgré nos grands discours, rester barbares et frustes.

Pour le coup, il en allait de notre bien-être autant que de celui des hommes. Car les employés de ces usines étaient parmi les travailleurs les moins considérés d'entre nous tous. Leur salaire était si misérable qu'ils ne pouvaient manger que très occasionnellement de cette viande qu'ils préparaient par tonnes lors de chacune de leurs journées de travail. Le bruit des machines, l'odeur des cadavres leur entraient si profondément dans le corps qu'ils ne pouvaient pas, le soir, passer à autre chose sans avoir d'abord ingéré le genre de ration d'alcool ou de médicaments que nous réservions à nos moments d'effondrement complet. Rentrant chez eux, ils puaient le sang même après s'être lavés. Leurs conjoints le leur disaient. Leurs animaux ne voulaient pas les approcher, ou venaient parfois au contraire leur lécher les jambes et les mains d'une façon dérangeante. La cadence, cette même cadence qui empêchait de vérifier que les hommes étaient bien étourdis et qu'ils ne souffriraient pas, était aussi la cause d'innombrables accidents du travail. Quand on maniait à toute vitesse des crochets, des scies, des couteaux, qu'on faisait face à des vivants à l'agonie, hurlant, désespérés, il suffisait de peu pour que tout dérape.

Il n'y avait qu'une seule solution : nous devions ralentir le rythme, pour réduire du même coup la souffrance de nos congénères, des humains et des bêtes. Le projet de loi suggérait trois dispositions : filmer, dans tous les abattoirs, les étourdissements et les mises à mort, pour vérifier qu'ils étaient faits selon les règles ; diminuer la cadence d'un cinquième ; augmenter d'un cinquième la paie des employés. Tout cela aurait pour effet, allait-on objecter, que la viande coûte encore plus cher ? Évidemment. Mais cela n'aurait rien de rédhibitoire. Il suffirait, au pire, d'en manger moins souvent. Cela profiterait à notre santé, et cela ferait du bien, surtout, à ces autres dont nous ne pouvions pas indéfiniment nier les intérêts. Au moins pourrions-nous, alors, savourer la viande sans avoir dans la bouche cet arrière-goût de honte qu'il était difficile de ne jamais éprouver une fois qu'on était informé des pratiques du secteur.

Enfin, je tenais à souligner l'horizon général sur lequel nous pensions cette réforme. « La question que nous nous sommes posée, en somme, elle tient en très peu de mots : est-ce que nous ne devrions pas nous efforcer de réduire la souffrance partout où c'est possible sur terre ? Tous nos débats au comité, depuis que j'en suis membre, m'ont conduit à penser que ce pourrait être la fin que nous poursuivons ensemble. Et c'est une conviction que mes collègues et moi avançons loin de toute naïveté. Nous avons commencé de comprendre qu'il n'y aura pas de paix éternelle. Qu'il n'y aura pas de fin de l'Histoire. Le climat, la rareté des ressources imposeront à nos vies, dans le siècle qui vient, des conditions de plus en plus dures. Elles seront nombreuses, malheureusement, les souffrances qui débouleront et nous frapperont de l'extérieur, et si nous suivons la pente naturelle, elles provoqueront de la violence, elles nous pousseront à entretenir les uns avec les autres des rapports plus brutaux. Je crois que nous devons être conscients de cela, et prendre les devants. Et lorsque les générations à venir nous jugeront, elles pourront voir au moins que cette Assemblée, lorsque la question lui a été posée, a fait passer notre intérêt commun de long terme devant nos égoïsmes, nos habitudes, notre force d'inertie, que cette Assemblée n'a pas reculé devant cette tâche historique, qu'elle ne s'est pas dérobée à ses responsabilités. »

Je ne sais pas quel effet ce discours a produit. Autant que j'aie pu en juger dans l'état de stress un peu extatique dans lequel font glisser – Hakim m'avait prévenu – les discours que l'on tient sous un tel feu de regards, il y a eu des applaudissements, assez nourris pour couvrir les huées sporadiques. Mais comment distinguer, ensuite, dans ce battement de mains rituel, la part de convention de ce qui relève d'une adhésion sincère, et la part d'adhésion sincère mais qui ne veut s'engager à rien de celle qui peut déboucher sur un soutien en actes ? Pour ma part, en tout cas, je me suis rassis sur le banc en me disant que j'avais été plutôt pugnace, que je n'aurais en y repensant pas grand-chose à me reprocher.

Les interventions se sont succédé. L'émotion de ma propre prise de parole retombant, j'ai pu de nouveau voir la salle, y distinguer non plus des masses silencieuses ou bruissant d'hostilité, mais des individus dont je pouvais un à un regarder les visages. À une fréquence toujours plus grande, et bientôt frénétique, je vérifiais que je n'avais pas reçu de message provenant de l'hôpital. Il n'y avait rien, puis une minute après, très étonnamment, toujours rien.

Parmi les discours des opposants à la réforme, le plus attendu, celui qui concentrait les risques les plus grands s'est avéré, comme nous avions pu le craindre après sa campagne médiatique, celui de Martha Vacquet. Ce qui la rend plus dangereuse à elle seule que dix autres réunis, c'est qu'elle sait être cinglante sans caricaturer. Sa parole monte, se déploie jusqu'à se faire écrasante, mais elle prend cette ampleur par des degrés si insensibles, elle part de constats si raisonnables, elle en tire des conclusions avec une telle force logique qu'on continue de reconnaître à ces mots pourtant devenus très véhéments une forme de justesse. On est surpris de s'être fait embarquer, et de se voir déporté avec elle vers des positions qu'on considérait peu de temps avant encore avec une méfiance qui nous semblait solide et étayée. L'autre raison pour laquelle on ne se contente pas, comme c'est le cas pour d'autres, de faire poliment semblant de l'écouter, c'est que ses positions ne sont pas déterminées d'avance ; elles sont puissantes, s'adossent à une vision des choses qui a sa cohérence, mais ne virent pas à la ritournelle, ne deviennent jamais la manifestation banale d'une idéologie.

Rapide, énergique, elle a descendu l'escalier de l'hémicycle et est montée à la tribune, comme qui n'a pas de temps à perdre et ne connaît pas l'hésitation. Les plis de son pantalon noir flottaient puis se reformaient à chaque pas au-dessus de ses escarpins. « Je voudrais tout d'abord, a-t-elle commencé d'une voix courtoise et calme, saluer le travail du comité d'éthique, dont les membres ont, cela s'est senti, je crois, élaboré cette loi avec passion. La générosité de leur approche, non seulement je ne la conteste pas, mais je la salue elle aussi, parce que c'est une de nos valeurs. Et je dois dire que je comprends sans peine la ligne générale de leur argumentation. Nous parlons de vivants, et les partisans de la loi nous expliquent qu'ils voudraient vivre plus. Il ne me semble pas qu'il y ait là quoi que ce soit de surprenant. Tant que les plaisirs que l'existence procure l'emportent sur la douleur, on veut la prolonger, en avoir plus encore. Qui, à moins d'être atteint d'une dépression sans fin ou d'une maladie incurable, vous dira : "Maintenant. Ôte-moi la vie, maintenant" ? La question n'est donc pas de savoir si cette demande est légitime, mais s'il est raisonnable d'y accéder. »

Elle a bu un peu d'eau. Nous a regardés les uns après les autres, de ses grands yeux bleus que certains disent beaux, mais que je trouve surtout froids. « Dans cette enceinte, je pense qu'on peut débattre de tout. Mais qu'on ne peut pas se permettre de s'éloigner des évidences. Car si nous ne partageons plus le bon sens, bientôt nous ne partagerons plus rien. Je voudrais vous inviter à regarder avec moi, sans sentimentalisme, ce que sont les hommes à soixante ans. Qu'ils soient encore capables de marcher, de réfléchir, de voyager ne suffit tout de même pas. Quand ils atteignent cet âge-là, ils ne sont plus vraiment propres à la consommation ; ils ont de plus en plus de mal à faire des travaux de force ; et même pour du travail de précision, nous savons que leur productivité diminue, puisque c'est partant de ce constat que nous avions fixé le terme de leur vie. Les mâles, à cet âge-là, se reproduisent difficilement. Les femelles n'en sont plus capables. Et dans l'ensemble, même si je ne doute pas que vous saurez me citer des exceptions, que vous en connaissiez vous-mêmes, ou que des activistes en aient porté par voie postale quelques-unes à votre attention, dans l'ensemble ils se fatiguent vite. Se plaignent. Ressassent. Plutôt que de penser l'avenir, ils préfèrent laisser leur mémoire déformer leur jeunesse, en jeter dans l'oubli des pans considérables, n'en sauver que certains traits et monter ces traits en épingle pour en faire un âge d'or. Je ne vois pas au nom de quelle commisération mal placée nous devrions subir le spectacle de ce déclin. Si encore il ne s'agissait que de dizaines de millions d'individus, nous pourrions, de fait, les affranchir de leurs occupations et les laisser vagabonder, comme le comité d'éthique le propose, jusqu'à ce qu'ils meurent de leur belle mort. Mais chaque année ils sont des centaines de millions à atteindre cet âge. Alors je me pose une question : est-il plus important que les vieux transmettent aux jeunes, ou que leur mort libère des emplois, des logements qui permettront à ces mêmes jeunes de se construire une vie décente ? »

J'ai cherché Hakim du regard. L'argument était éhonté. Lorsque le gouvernement avait proposé, il y a quelques années, de lancer la construction de logements pour sortir les hommes-ouvriers de leurs dortoirs vétustes, le parti de Martha Vacquet s'était opposé au projet de tout son poids jusqu'à être sûr qu'il reste dans les cartons. Et voilà que, comptant sur la mauvaise mémoire de ses collègues, elle pérorait sur le sujet et faisait semblant d'en avoir quelque chose à faire. « Par ailleurs, si on les laisse vraiment devenir plus âgés… eh bien, les vieilles maladies reviendront. Leur quotidien sera, comme avant notre ère, rongé par ces cancers, lesté de ces problèmes cardiaques qui leur tombaient dessus dans leurs dernières années jusqu'à devenir le centre de gravité de leur vie. C'est là, me semble-t-il, un des grands impensés de la réforme qu'on nous propose : s'ils vivent plus vieux, ils se mettront à souffrir plus, c'est aussi simple que cela. Et vous savez comme moi que nous n'aurons pas les moyens de mettre en place le système de santé pour remédier à cette douleur. Reconsidéré sous cet angle, l'argument de la réduction de la souffrance, que vous ont peut-être paru manier avec brio plusieurs défenseurs de cette loi, n'est pas un argument. Ou plutôt – je me corrige, pardon –, si on l'utilise sans œillères, il plaide pour que nous refusions cette loi, pour que nous ayons le courage de renvoyer ce texte aux limbes idéalistes dont il n'aurait jamais dû émerger. »

Car ce n'était même pas là à ses yeux l'essentiel. Notre responsabilité, aujourd'hui, était selon elle de prendre beaucoup plus de recul. Nous savions tous que l'habitabilité de cette planète n'était pas quelque chose de garanti. Et si nous regardions sans biaiser nos statistiques démographiques, il était patent que nous avions déjà franchi la ligne rouge. Nous avions d'ailleurs tous, avec vaillance, accepté de nous restreindre. Nous nous retenions tous – elle la première – de donner naissance à plus d'enfants. Et ces efforts considérables, par quel mystère aurions-nous dû décider de les anéantir en signant un blanc-seing aux hommes pour qu'ils consomment et qu'ils polluent une longue décennie de plus ? Pourquoi les hommes auraient-ils dû être les seuls à avoir moins de devoirs que de droits, et à ne pas se limiter ? Il y avait pénurie de tout sur cette terre. Ce monde était construit de telle sorte que la mort devait agir chaque jour, prendre toute sa part, pour que ceux qui restaient puissent vivre et le vivant se régénérer.

« Il me semblait pourtant, a poursuivi Martha Vacquet, les mains posées à plat sur le pupitre, la voix plus grave, vibrante, que nous avions jusqu'ici toujours été d'accord pour dire que quand nos intérêts vitaux sont en conflit avec les leurs, ce sont les nôtres qui doivent primer. Pourquoi les choses sont-elles ainsi, et à bon droit ? Mais parce que nous leur sommes de beaucoup supérieurs. Et s'il y a des gens, parmi nous, qui ont oublié à quel point, c'est qu'ils ont développé une forme d'empathie folle. Je n'ai rien, entendons-nous, contre le principe de l'empathie. J'ai toujours pensé simplement qu'elle devait s'exercer dans les limites de la raison. »

Elle levait le menton, maintenant. Le chignon qui serrait la masse de ses cheveux blonds basculait en arrière. Elle concluait chaque phrase avec une netteté sèche, comme on confirme une chose acquise et même unanimement reconnue pour faire de la place à la suivante.

Face à cette dérive dans laquelle certains se laissaient entraîner par l'excès de leurs bons sentiments, il fallait selon elle poser de nouveau cette hiérarchie. Nous leur étions très supérieurs. L'ironie, c'est qu'ils avaient cru l'être, eux aussi, en leur temps, mais c'était dans leur cas au prix d'un aveuglement qui prenait avec la distance un aspect un peu pathétique. Ce qui les mettait à part, c'était, disaient-ils, leur intelligence redoutable, leur maniement fin du langage, leur créativité. Ne pas être capable de réguler pour de bon sa démographie, déterrer et brûler le carbone jusqu'à rendre l'air irrespirable, c'était pour eux le signe d'une intelligence redoutable. Réduire de force plusieurs milliards de leurs propres congénères à une vie de quasi-esclaves pour qu'une minorité concentre les richesses, c'était l'indice certain de leur inventivité exceptionnelle. Ils ne se demandaient presque jamais si le fondement de l'intelligence ne consiste pas à se donner les moyens de survivre sur le long terme, si la capacité à une autoconservation durable n'est pas le premier signe de la raison. Ils méprisaient comme des aberrations de la nature ou des rebuts de la création toute une série d'espèces qui les avaient précédés sur terre et qui leur auraient survécu de quelques millions d'années s'ils n'avaient pas eu la chance que nous reprenions les choses en main. Nous les avions trouvés pullulant à certains endroits et ne se reproduisant pas assez à d'autres. Tout aussi incapables de répartir le travail que la population. Et cette inconséquence, d'une constance tout à fait remarquable, elle tenait pour beaucoup à leur emprisonnement dans le chaos des intérêts particuliers. Pour rien au monde ils n'auraient accepté quelque chose qui favorise plus le pays voisin que le leur, ou consenti des efforts substantiels pour des gens qui n'étaient même pas encore nés. C'étaient là des traits qui, si on en faisait la somme, justifiaient assez la rapidité de leur effondrement et la légitimité de notre domination.

Martha Vacquet a ôté ses lunettes et les a posées sur le pupitre. Elle se détachait maintenant complètement de son texte pour nous parler avec les évidences du cœur. « J'irai, mes chers collègues, au bout de mon raisonnement. La question que nous débattons aujourd'hui ne devrait sûrement pas être de savoir si nous devons les laisser vivre plus longtemps, mais plutôt de déterminer si nous devrons, dans un avenir plus ou moins proche, nous résoudre à les éradiquer, pour pouvoir augmenter sans faire trop de dégâts notre propre empreinte écologique. Le plus raisonnable, nous le savons depuis longtemps, aurait été de faire ce choix-là dès le départ. Nous n'en avons pas pris le chemin. Nous avons eu la générosité ou l'imprudence de les maintenir en vie. Certes pas dans les meilleures conditions. Mais en leur assurant une forme de sécurité. Je ne doute pas qu'il y ait, parmi nos congénères, des employeurs, des éleveurs ou de simples particuliers qui leur infligent de mauvais traitements. Et nous sommes dans notre droit en les rappelant à l'ordre. Mais tout cela n'est rien, une fois de plus, à côté de la douceur de la tutelle que nous exerçons sur eux. Je crois sincèrement qu'ils devraient éprouver pour nous, *tout compte fait*, s'ils avaient une once de l'intelligence dont ils se glorifient, s'ils étaient capables de faire vraiment les comptes, bien plus de reconnaissance que de ressentiment. Car ils ont en réalité à notre égard une dette infinie.

« Un dernier mot. Une question simple à laquelle je ne résiste pas. Pourquoi nous faudrait-il prendre des gants avec cette espèce qui, elle, n'a jamais cherché à moraliser ses rapports avec les autres ? Car vous savez bien que les hommes, en leur temps, ne faisaient pas autant de manières avec leurs animaux. Pourquoi mettrions-nous, à notre propre détriment, un point d'honneur à nous montrer moraux avec cette espèce immorale ? Parce que nous leur sommes supérieurs ? Mais les tenants de cette réforme disent eux-mêmes que cette supériorité est relative et ne nous autorise pas à nous ranger à part. Alors. De deux choses l'une. Soit nous leur sommes de beaucoup supérieurs, et il n'y a pas de raison de nous soucier outre mesure de leurs besoins et de leurs intérêts. Soit nous ne le sommes pas tant que ça, et alors il serait malvenu, incongru, purement idéologique de nous en demander plus à nous qu'ils ne s'en sont jamais demandé à eux-mêmes. »

Ensuite Martha Vacquet s'est tue. J'ai respiré et me suis rendu compte, à la façon dont l'air tombait dans ma poitrine, que mon corps s'était mis en apnée depuis un moment déjà. J'avais eu hâte que ce discours se termine, mais j'éprouvais aussi une certaine rancœur à l'égard de mon cerveau qui ne trouvait pas aussitôt les arguments pour le contrer. En regardant qui applaudissait, qui se levait pour rendre son approbation plus visible et plus contagieuse, j'ai constaté que le clivage courait au sein de chaque parti plutôt qu'il ne les opposait entre eux. Je me suis mordu la lèvre en repérant deux députés que nous comptions jusqu'à présent parmi les indécis. Si ceux-là nous manquaient, nous risquions d'être trop juste. J'en ai griffonné les noms sur une feuille que j'ai fait passer à la hâte à l'un de nos députés, pour qu'il essaie, s'il y avait un peu plus tard une interruption de séance, de prendre ceux-là à part, de les entreprendre, de savoir quel coup de pouce dans la gestion de leur circonscription ou de leurs affaires personnelles serait encore susceptible à ce stade de les faire changer d'avis.

Dans les deux heures qui ont suivi, les députés de notre camp sont montés au créneau, se sont efforcés de recentrer le débat, de prouver que Martha Vacquet se perdait en généralités. Mais je n'étais pas sûr que la tactique soit bonne. J'aurais voulu que l'on prenne au sérieux ses objections et qu'on leur fasse un sort, pour qu'elles ne restent pas là, flottant dans l'atmosphère comme une masse d'air chaud capable de faire changer le vent de direction.

Puis, pour la troisième fois, cela a sonné dans ma tête. Au moment où je n'y pensais plus. Le message venait de Mirad Neves, l'un des hommes que Léo Ostias avait postés autour de l'hôpital et qui n'avaient, ces derniers jours, rien eu à signaler de suspect. Il m'informait qu'Iris était entrée en salle de réveil, que je ne devrais pas tarder à pouvoir prendre de ses nouvelles. Je me suis senti plus fort, d'un coup : mes chances de survivre à cette journée venaient de s'améliorer.

Plus tard – la nuit devait déjà tomber, dehors – c'est Hakim Dotzer qui a eu la parole, pour prononcer avant le vote un mot de conclusion au nom du comité d'éthique. L'hémicycle s'agitait, la fatigue se faisait sentir, mais nous avions eu le temps de nous concerter et il a filé droit à ce qui nous paraissait à tous deux être le cœur du problème :

« À écouter Martha Vacquet, tout à l'heure, j'ai eu deux sentiments. J'ai d'abord été saisi, comme beaucoup d'entre nous sans doute, par sa force de conviction, et puis, à mieux y réfléchir, j'ai eu l'impression qu'on me poussait pas à pas dans le piège des fausses évidences. Je me suis souvenu des raisons pour lesquelles j'éprouve tant de méfiance face à ceux qui se revendiquent du bon sens, mais qui ont une tendance étrange à s'en servir comme d'une caution que l'on brandit à tout bout de champ plutôt que comme une manière de poser les problèmes avec la patience fine que demande leur complexité. Car si nous ne sommes pas capables de dépasser la vision très convenue qui a été donnée de l'infériorité des hommes, alors il n'y a vraiment pas de quoi nous tenir pour des participants plus qualifiés au débat public que des personnes qu'on aurait arrêtées au hasard dans la rue. L'infériorité manifeste que nous prêtons aux hommes, elle ne saute aux yeux que rapportée à notre façon de poser des jugements de valeur. Nous en faisons le constat en raisonnant à partir de nous, de notre sens de l'intérêt général, de notre capacité d'anticipation. Mais est-ce qu'il s'agit là d'une bonne manière de raisonner ? Les hommes étaient supérieurs aux oiseaux, c'est entendu – mais il faut reconnaître tout de même qu'ils ne volaient pas aussi bien. Les montagnes sont moins vives que nous, d'accord. Mais elles seront là après nous. Elles conviennent mieux à l'univers. Elles ne peuvent pas se défendre de nos agressions, mais elles tiendront leur forme de revanche en nous enterrant tous. Et quant aux hommes… Eh bien, nous savons que leurs rêves sont plus beaux. Que leurs yeux voient plus de couleurs. Qu'ils ont, face à la mort, des gestes de dépit, de sagesse, de défi et de résistance qui démontrent un attachement à la vie à côté de quoi le nôtre paraît ténu et pâle. Il serait donc grand temps, je pense, de cesser de manier l'argument de l'infériorité en ne retenant pour éléments de comparaison que les critères qui nous sont favorables. »

Hakim avait sa voix émue et lente. Un ton assez posé pour laisser le temps de réfléchir et ne manipuler personne. Je n'aurais jamais pensé, quand nous étions plus jeunes et que nous roulions tous deux dans les campagnes, en essayant de chasser de nos têtes à coups de confidences et par des plaisanteries les cris des prisonniers et le froid des cadavres qu'il deviendrait plus tard quelqu'un de cette stature. « Et quand bien même ils seraient inférieurs. Ce n'est pas parce que des êtres peinent à en égaler d'autres par leurs aptitudes qu'il faut bafouer leurs intérêts. Je suis tout à fait persuadé que ce n'est pas ainsi que nous voulons vivre. Nous ne laissons pas, dans notre société, ceux qui sont manifestement plus intelligents ou rapides prendre le contrôle de la vie des autres jusqu'à décider de leur sort. Nous nous opposerions, j'espère, de toutes nos forces, à qui voudrait, parmi nous, tuer ceux de nos congénères qui souffrent de handicaps mentaux, ou qui sont diminués dans leurs capacités par la maladie ou le grand âge. Or nous savons bien que ceux-là, ceux qui sont nés idiots, ou qui se trouvent lourdement handicapés, ou qui deviennent séniles, ont une intelligence moins déliée que celle des hommes. Et nous avons tendance à estimer pourtant qu'ils n'en méritent pas moins la vie. Ce n'est pas parce que quelqu'un est inférieur qu'il devient soudain légitime de le maltraiter et de l'asservir. »

Hakim a repris son souffle. À droite de l'hémicycle, les députés tambourinaient, grommelaient, comme si Hakim déformait leur pensée, leur prêtait des intentions qu'ils n'avaient jamais eues. Martha Vacquet, elle, se tenait de biais, un bras sur le dossier de son siège, jetant des regards sur ses collègues, multipliant les sourires ironiques, d'un air de se demander s'il ne valait pas mieux être sourde plutôt que d'entendre ça. Hakim ne s'est pas démonté. Comme il se trouve avoir du coffre, il a pu continuer, monter la voix. Une autre chose lui tenait à cœur. Certains avaient laissé entendre, aujourd'hui, que ceux qui défendaient les causes humaine et animale prouvaient par cet engagement qu'ils n'aimaient pas leurs semblables, et ne se diraient satisfaits que lorsqu'entre tous les vivants on aurait instauré une parfaite égalité. Hakim ne voulait pas qu'il traîne de malentendu là-dessus. Les hommes ne seraient jamais nos égaux. Ils ne pourraient jamais avoir les mêmes droits et les mêmes devoirs. Mais cela n'empêchait en rien de limiter un peu plus encore nos désirs pour leur créer les conditions d'une existence décente à défaut d'être heureuse. La préservation de leur vie, la réduction de leur souffrance devaient primer sur ce qui n'était pour nous que des plaisirs.

Et c'était en partie par orgueil qu'au comité d'éthique nous portions cette position-là. Parce qu'il nous semblait que ce serait faire honneur à notre espèce que de montrer qu'elle était capable d'être attentive à toutes les autres. « Cela devrait même être la preuve la plus robuste de notre supériorité que notre volonté de soigner ceux qui ne sont pas nous, qui ne nous ressemblent pas, qui sont les plus faibles, les plus humbles. La manière dont nous exerçons cette tutelle sur ceux qui habitent les eaux et le sol de cette terre nous engage. Elle nous rend respectables ou nous disqualifie. Les hommes n'ont pas su assumer cette responsabilité pour tous ceux qui respirent, même s'ils étaient un nombre non négligeable à avoir l'intuition que c'était leur devoir. Nous avons les moyens d'essayer à notre tour. Et la question qui se pose aujourd'hui, dans cette enceinte, c'est de savoir si nous aurons pour cela, pour faire mieux qu'eux, assez de courage, assez d'orgueil et assez de volonté. »

Avant le vote, le président a annoncé une vingtaine de minutes de pause. Quittant par bandes l'atmosphère tendue de l'hémicycle, les parlementaires se sont égaillés en direction de la buvette ou, pour ceux dont le sentiment d'exister était strictement corrélé à la fréquence d'apparition de leur visage dans les médias, vers le hall dallé de noir et de blanc où attendait la presse.

Cela faisait plus d'une heure que j'étais sans nouvelles d'Iris. Combien de temps reste-t-on en salle de réveil, après une opération lourde ? Je n'en avais aucune idée, mais je n'y tenais plus. Si les gens de l'hôpital étaient trop débordés pour avoir le temps d'appeler, ils ne se formaliseraient pas, en revanche, que je prenne les devants. Je me suis éloigné, pour être tranquille, vers la plus petite des cours intérieures. La fontaine lançait son jet d'eau sous la lumière un peu maléfique de la lune. Je regardais chaque chose – les grands rosiers, les statues de pierre – avec l'impression vive que d'un instant à l'autre ça pouvait basculer. Ce décor était là pour longtemps, dans son calme solennel, mais ce n'était pas forcément mon cas. À l'hôpital, impossible d'avoir quelqu'un. L'équipe de nuit, pourtant, avait dû prendre son tour. Et je me disais que la chirurgienne, qui m'avait paru bien, était sûrement passée vérifier l'état de sa patiente avant de rentrer chez elle. J'ai essayé Mirad Neves, ça ne répondait pas. J'ai essayé Léo Ostias lui-même ; il n'a pas décroché, mais j'ai reçu au bout de quelques secondes, d'un numéro que je ne connaissais pas, un message anonyme qui devait être sa réponse : « Pas de là où vous êtes, voyons. Le lieu n'est pas tranquille. Vous voulez des nouvelles ? Vais voir ce que je peux faire. »

À cet instant, pour la quatrième fois, cela a sonné dans ma tête – et dans les cours et les couloirs. Nous étions tous rappelés dans l'hémicycle pour le vote qui allait avoir lieu. Les députés ont repris leur place rapidement. Il y avait, sur leur table, un bouton « Pour », un bouton « Contre », il suffisait de presser ce qui leur paraissait juste. Venus prendre part au vote sans avoir assisté aux débats, certains faisaient leur entrée avec plus ou moins de discrétion. Après avoir effectué leur choix, les présidents de groupe se sont déplacés dans les travées pour voter à la place des absents, suivis par les huissiers qui vérifiaient au préalable les procurations. Tout le monde s'est rassis. Personne n'annonçait le résultat, il allait apparaître sur l'écran au-dessus du perchoir, dès que le calcul serait fini. Je me suis dit respire. Quoi qu'il en soit, respire. J'ai décalé les quatre cartilages de mon nez, mais l'air ne passait pas. Puis toutes les bonnes paroles n'ont plus compté pour rien. La loi était retoquée, à trois voix près. Cela s'est effondré en moi. J'ai jeté à Hakim un regard de détresse. Son visage était pâle, il regardait dans le vide avec des yeux pleins de larmes. Et au moment où je me levais, pour quitter cet endroit avant de n'en avoir plus la force, j'ai entendu sonner, une cinquième fois. Je n'ai pas réagi, d'abord. Je ne voulais plus rien entendre, plus rien savoir. Puis quelque chose a repris le dessus. Cette sonnerie-là ne s'adressait à personne d'autre. Cette fois-ci, cela ne sonnait que pour moi. J'ai regardé ce que c'était. J'aurais voulu ne pas le faire, mais je n'ai pas pu m'en empêcher. Un message de Léo Ostias. Il y avait un problème. Iris avait été envoyée aux urgences. Elle rejetait le greffon, violemment. On l'opérait de nouveau. Léo Ostias ne commentait pas. Il ajoutait, en revanche, le numéro privé de la chirurgienne, qu'il avait pu trouver.

Alors je me suis éclipsé. J'ai laissé Hakim accompagner nos députés pour affronter les journalistes, la foule des micros sombres tendus comme des insectes au-dessus des dalles noires et blanches. Ils ne perdaient pas grand-chose, je me suis dit, à ne pas recueillir la réaction d'un orateur aussi minable, aussi peu convaincant que je l'avais visiblement été. Je suis sorti par-derrière, la tête rentrée dans les épaules, j'ai bifurqué deux fois, trois fois, jusqu'à avoir le sentiment de m'être un peu échappé. La chirurgienne, au téléphone, avait une voix surprise. Je me suis excusé de la déranger, mais je lui ai dit que je m'inquiétais de n'avoir pas pu prendre de nouvelles. Elle n'était plus à l'hôpital, mais elle allait se renseigner, me rappeler. Et au bout de quelques minutes, elle a confirmé le cauchemar. Iris repoussait le greffon – ce pied, ce mollet – comme un corps étranger. Malgré les immunosuppresseurs qu'on lui avait donnés, elle faisait un rejet précoce et suraigu. Ce n'était pas très fréquent, a ajouté la chirurgienne, mais cela arrivait. Malheureusement cela arrivait. Oui. Il était simplement dommage pour moi que cela tombe sur elle. Je lui ai demandé ce qui se passait, ensuite. Sa voix a ralenti. Si les urgentistes ne parvenaient pas, pendant la nuit, à retourner la situation, il ne resterait pas d'autre choix que de suivre le protocole et de lui faire demain matin une injection létale. La chirurgienne a voulu me rassurer : ils ne passeraient pas à cette étape avant que j'aie pu venir et la revoir. « Et si je ne suis pas d'accord ? » J'ai dû monter le ton, crier, car sa voix s'est refroidie et éloignée soudain. Ce n'était pas à proprement parler une question d'accord, puisque c'était la loi. Je lui ai demandé, plus doucement, si elle allait y retourner, elle, pour voir s'il était temps encore de réparer les dégâts. Mais je me suis rendu compte que je l'avais déjà perdue : elle m'a répliqué sans détour que je dépassais les bornes. Il y avait une répartition des rôles. Elle ne marcherait pas sur les platebandes de l'équipe de nuit, en qui elle avait toute confiance. Une fois encore, je pouvais en être assuré, ils allaient faire de leur mieux, mais si cela ratait, eh bien, ils se plieraient à leur devoir et respecteraient le règlement. Et elle a ajouté, d'une voix un peu mauvaise, qui m'a fait comprendre qu'elle suivait l'actualité : « Si vous n'êtes pas content, monsieur Claeys, vous n'avez qu'à changer la loi. »

J'ai avancé, encore. Tandis que je marchais dans le quartier des ministères, dans ses rues désertées, contre leurs murs impénétrables, en ne croisant que des agents de sécurité ou des fourgons de police, j'ai commencé par me faire des reproches. Dans ce combat, nous avions manqué de vigilance, nous n'avions pas été assez stratèges ou assez convaincants. Mais je ne voyais pas, néanmoins, surtout après ce qu'Hakim avait dit, comment nous aurions pu l'être plus. Et dans ma tête que la tristesse vidait, que la marche éclairait, j'ai compris que ce n'était pas ça. C'était comme d'habitude. C'était l'argent. Nous défendions les faibles, une cause qui ne rapportait rien à personne. En face, les industriels de l'élevage avaient dû graisser la patte à tout le monde, sobrement, discrètement. Dans mes pensées, pour m'humilier un peu, je me répétais : Tu as perdu. Sur tous les plans, tu as perdu. Pourtant, quelque chose en moi résistait encore à cette idée, me soufflait que mon échec n'était qu'une apparence, que c'étaient les autres, en fait, qui se trouvaient être les vrais perdants – mais d'une autre manière, sur laquelle je ne parvenais pas à mettre des mots, et qui supposait, en tout cas, de changer vraiment de langage, de faire sur d'autres critères le compte des victoires et des défaites. Je me suis dit, on peut creuser le trou de sa défaite avec un rire vainqueur. Je me suis dit, elle va mourir, Malo, si tu ne réagis pas. Et je ne savais plus quoi faire. Les compteurs étaient à zéro. J'avais la nuit, les quelques heures de la nuit seulement, pour inventer un autre plan.

9

Les images viennent en nombre. Dans l'appartement sans sommeil, et alors que je voudrais rassembler mes idées, les mettre dans un ordre qui ressemble au moins vaguement à un ordre de bataille, ce sont les images qui surgissent, ces visions fugitives, déchirées, déchirantes qu'ici les hommes appellent souvenirs, qui se lèvent du moindre recoin, sans que je sache si c'est pour me réconforter, écouter la complainte, me donner l'énergie d'y croire encore un peu, ou si elles se rapprochent de moi en charognardes qui savent que c'est bientôt fini. Les crayons sur son chevalet ; la partition que le vent a fait tomber à côté du piano ; les vêtements vides, sur la chaise près de son lit : les objets sont tous là, intenses, à me fixer d'un air qui est peut-être un air de reproche, à m'encercler, en témoins immobiles qui attendent pour bouger de nouveau qu'Iris reprenne ses gestes, que sa main les saisisse, les déplace, les anime, leur rende la mesure d'âme qu'ils ne peuvent pas avoir sans elle. À arpenter les pièces, même si ces traces sur lesquelles je bute à chaque pas m'empêchent de réfléchir, me font basculer dans leur temps suspendu, une partie de moi s'est mise à me dire : on ne peut pas tout te faire perdre, Malo ; on ne peut pas tout t'enlever. Et cette partie-là de moi a en partie raison. Quoi qu'il arrive, les années resteront, et les instants – j'aurai vécu avec Iris.

Quand elle est arrivée chez nous, à quatorze ou quinze ans, à l'âge où femmes et hommes commencent à devenir des adultes autonomes, sortent sans être accompagnés, se mettent à se demander comment ils vont agir dans le monde, elle était un être fragile, déplacé brutalement d'un milieu à un autre, qui ne savait pas distinguer les moments où on doit se méfier de ceux où on peut baisser la garde, et qu'il fallait protéger de tout. Donc Iris n'est pas née Iris, et ne l'est pas devenue en un jour. Nous avons d'ailleurs longtemps pensé, Saskia et moi, qu'elle ne rattraperait jamais son retard, qu'elle ne pourrait pas surmonter les obstacles que plaçaient sur la voie de ses apprentissages l'horreur de la vie qu'elle avait menée et les violences qu'elle avait dû subir.

C'est à chaque maître de décider quel degré d'éducation il a envie de donner à ses humains de compagnie. Nombreux sont ceux, parmi nous, qui se contentent d'en faire des êtres doux et simples qui aiment jouer sous la pluie, prendre le soleil, se pelotonner contre nous, parce que cette simplicité les rassure, et qu'incapables de vivre eux-mêmes au présent, ils trouvent une forme de paix, en revanche, à observer par intervalles des vivants qui ne connaissent pas d'autre manière d'être. Mais moi qui pour ma part suis ballotté sans cesse dans le mouvement du temps, envahi des vagues du passé, guettant les premiers signes de ce qui vient à l'horizon, je pensais qu'elle avait le droit à cette belle inquiétude, je voulais quelqu'un qui puisse aussi partager cela, qui essaie de prévoir, se trompe, se remémore, regrette, pas un de ces petits compagnons à ce point pris dans l'instant qu'il m'aurait fait penser, en me comparant à lui, que mon intelligence ne m'apportait que du malheur.

Dans l'idéal, j'aurais aimé envoyer Iris à l'école. La clandestinité de ses origines rendait la chose trop périlleuse. Elle-même, jetée au milieu d'inconnus sans pouvoir se réfugier dans nos jambes, aurait sans doute été saisie à tout bout de champ de ces attaques de panique qui la laissaient pantelante. Alors nous avons fait venir des professeurs à domicile, des gens fiables et discrets, qui s'occupaient aussi de Yanis, et à qui nous disions qu'Iris avait été malade dans ses premières années, si bien que c'est récemment seulement que nous avions jugé envisageable de lui donner une instruction.

Elle a eu toutes les peines du monde à apprendre à parler. Elle savait répéter les phrases, mais pas en former de nouvelles. Elle inventait des mots que nous aimions répéter mais qui ne voulaient rien dire. Apprendre un texte d'une page, le résumer en quelques lignes même laborieuses lui demandaient des heures. Lorsque je la faisais travailler, dans mes moments de loisir, les erreurs dans lesquelles elle continuait de tomber après que je l'avais cent fois reprise venaient parfois à bout de ma patience, je me demandais à quoi il pouvait bien servir de consacrer autant d'énergie à quelqu'un de si limité alors que je manquais moi-même de temps pour tout ce que j'aurais voulu savoir faire ou connaître. J'avais le sentiment que ma générosité m'avait perdu et n'était qu'une preuve de faiblesse. Mais c'était sans compter le fait que chacun de ses progrès me donnait un bonheur plus rare et plus puissant que si Iris avait connu une enfance ordinaire. Mon cœur battait des jours durant d'enchantement et de victoire. D'autant que si je repensais à la situation dont je l'avais tirée, ce qu'elle arrivait à accomplir était tout de même spectaculaire. Au pire de l'effort, elle essuyait sèchement la larme qui roulait sur sa joue, allait ramasser le crayon qu'elle avait jeté de colère et revenait à la table, butée et résolue à en découdre. La volonté qui – quand elle était malade, tétanisée de peur – lui avait fait franchir la barrière, s'enfuir de la remise où on empilait les cadavres, risquer sa peau pour une vie différente dont elle ne savait rien, pour un morceau de ciel libre, cette volonté la tenait toujours, dictait chacun de ses gestes.

Une fois qu'elle a été capable d'un peu de nuances et

de détails, de raconter sans s'enliser ou sans s'exaspérer elle-même, cela dit, nous n'avons pas poussé plus loin, parce que nous ne voulions pas que notre exigence vire à l'acharnement, mais aussi parce que nous avions remarqué que si les mots ne seraient jamais son domaine, elle connaissait d'autres langages.

Elle peint. Elle dessine au crayon, au fusain, elle peint à l'aquarelle, à la gouache, à la bombe, depuis le premier jour. En la matière, elle n'a imité Yanis que quelques mois, avant de le laisser loin derrière. C'est lui souvent qui venait nous tirer par la manche, le soir, sitôt que nous avions passé la porte, pour nous montrer ce qu'Iris avait encore fait – et il portait sur le visage, en nous annonçant cela, la perplexité de qui sait que ses parents n'apprécient que modérément en temps normal qu'on peigne sur les murs, mais qui devine qu'en l'occurrence l'interdiction ne va compter pour rien, et l'étonnement, surtout, l'étonnement grave et lent de qui se sait dépassé par quelque chose de plus grand que lui et peut-être même de plus grand que tout.

On ne peut pas vraiment, avec des mots, parler de la peinture d'Iris. Le noir y est large et luisant, et c'est lui qui domine. Il y a des couleurs pâles qui l'ouvrent, promettent des échappées, et des marques violacées qui le ramènent à terre et le rendent plus terrible. Quand on distingue des corps, c'est qu'ils relèvent la tête, déploient leurs bras, leurs jambes, mais on se dit alors que ces corps prennent des risques. Une fois qu'on les a vus, ils restent dans la rétine, et on se met à regarder chaque aplat clair, chaque forme informe, en se demandant s'il n'y a pas là quelqu'un. Il fait froid, il fait peur, il saigne. Surgissent dans le cadre, inopinés, ajoutés au dernier moment d'un mouvement vif de brosse là où tout semblait calme, des bras armés de matraques qui frappent pour un oui pour un non, et qui laissent derrière eux, là où ils sont déjà passés, des masses dangereusement immobiles ou des traînées rougeâtres.

Elle peint. Elle peint avec du noir qui n'est pas une couleur, car elle ne le trouve nulle part, si ce n'est en elle-même. Les jours où presque rien ne la sépare du vide – Iris tendue, fragile comme une toile qu'on lacère – sont peut-être ceux où elle serait capable, si on la laissait s'obstiner, gagner les profondeurs, approfondir quitte à se perdre, de créer des choses qui ne seraient pas une autre manière de voir la vieille violence du monde, mais de nouvelles choses jetées tout droit au cœur du monde, des leçons de ténèbres d'une espèce de ténèbres qu'on n'a encore pas vue. Mais ce sont aussi – ces jours-là – ceux où nous devons, si nous pensons à elle plus qu'à ce qu'elle peint, lui déconseiller de travailler, aller la chercher jusque derrière la porte fermée de sa chambre et la sortir, en dépit de sa résistance et de l'injustice à quoi elle crie, pour monter en voiture et prendre la route de la forêt. Après qu'elle a pendant cinq heures marché pieds nus sur les chemins sablonneux, posé quelques pommes de pin vigilantes au sommet du chaos des roches protéiformes, allumé un feu de bois dans la chapelle en ruine, on peut savoir à la manière dont son visage fait face qu'elle est de nouveau tournée vers l'extérieur. Et lorsque nous sommes de retour, le lendemain, ou le jour même si elle ne tombe pas de sommeil, elle ne s'arrête pas de peindre pour autant, elle nettoie les pinceaux dans le pot de dissolvant, agite de haut en bas la bombe, mais pour faire apparaître des mains noueuses et infinies qui ressemblent à des arbres, ou les silhouettes-reflets qu'ont capturées les flaques au milieu des feuilles mortes.

Il y a toujours, dans ce qu'elle peint, des couleurs qui n'existent pas, et des métamorphoses qu'elle est la seule à avoir vues.

C'est pour cela peut-être qu'au fil des ans je me suis mis à avoir besoin de la compagnie d'Iris. Elle me donnait, c'est aussi simple que cela, le sentiment d'exister plus, et mieux. Être, ces derniers temps, pour moi, c'était être près d'Iris. Mais il n'a pas fallu attendre aussi longtemps, et que je mette ces mots-là sur mon état d'esprit, pour que cela engendre cette distance qui m'a peu à peu séparé de Saskia, et que chaque discussion même la moins mal intentionnée sur les raisons de la distance élargissait encore. Dans le vaste répertoire des manières qu'avait Saskia de m'exprimer sa rancœur (la rancœur qu'on nourrit de façon peut-être inévitable contre la personne avec qui on vit, et qui constate chaque jour à nos côtés que la vie n'est pas idéale, et qui, si la vie n'est pas idéale, doit tout de même bien y être pour quelque chose), l'angle d'attaque qu'elle s'est mise à privilégier, il y a un peu plus de deux ans de cela, consistait à me reprocher l'affection que j'avais pour Iris. « On dirait, m'a-t-elle sorti un jour, livrant le fond de sa pensée, ou sa peur en un seul bloc brut, on dirait que ça pourrait être une compagne pour toi. »

Dans les bonnes heures, après ce genre de propos, je la prenais dans mes bras et je lui murmurais « Mais qu'est-ce que tu racontes ? » ; dans les mauvaises, je lui rétorquais qu'elle était ridicule, et insultante. Elle trouvait cette proximité anormale ? Mais c'est qu'elle ne voyait pas que la proximité avec les hommes et les autres animaux était notre tendance spontanée, et que c'est seulement parce que nous avions construit des barricades de tabous orgueilleux que nous arrivions à la refouler.

Saskia refusait de comprendre, malgré toute son intelligence – et cela m'irritait, car je savais précisément que ce n'était pas faute d'intelligence, si bien que je croyais discerner quelque chose de méchant, de bas, dans sa façon de faire semblant de ne même pas voir ce que je voulais dire –, que ces attachements ne se concurrençaient pas, que l'affection que j'avais pour Iris ne lui ôtait rien, parce qu'elle ne se situait pas sur le même plan. Je lui disais, l'amour n'est pas une somme finie. Aimer les animaux ce n'est pas moins aimer les hommes ; aimer les hommes ce n'est pas moins aimer les gens de notre espèce. Car si on aime la vie avec une passion folle, alors on peut aimer tous les vivants, reconnaître partout leur souffle, et ce qu'il a de fragile, et sa capacité à se détraquer en peu de temps, et se mettre à haïr, en regard, toutes les violences qui leur sont faites. Mais c'était le moment en général où elle m'accusait de théoriser, de m'embarquer dans des diversions minables et qui ne trompaient personne.

De la théorie, il y en avait peut-être – mais seulement parce que j'y trouvais du vrai. Ce que je disais à Saskia, je le pensais pour de bon. Je ne pouvais pas, c'était un fait, échanger tant que cela avec Iris. Je savais que toute une part de moi lui échapperait toujours. Et pour commencer – ce n'était pas rien, tout de même – elle ne comprenait pas notre langue, ne saisissait jamais mes pensées avant que je les lui aie dites. Cela a été jusqu'à aujourd'hui une des limites de notre relation, mais cela participe aussi je crois à ce qu'elle a de palpitant. Elle sait que mon intériorité lui sera toujours close, elle ne m'en fait pas grief et n'essaie pas de la forcer. Je peux me tenir à côté d'elle, absolument opaque, et nous n'allons pas batailler sur les raisons et sur les conséquences de cette opacité, la voir comme un obstacle à la poursuite de nos rapports, puisque nous sommes, c'est chose posée d'emblée, deux êtres qui ne se comprendront jamais au-delà d'un certain point.

Mais quand je tentais d'expliquer ça, Saskia me bousculait de sa voix trop rapide : « En fait ça t'arrange bien. De déclarer soudain que tu n'aimes pas qu'on lise en toi, ça t'arrange bien. » Je saisissais l'allusion. Au bout de vingt ans ensemble, de toute façon, est-ce qu'on peut encore faire une phrase sans faire une allusion ? Et je le concède sans me battre : je n'ai pas toujours dit cela. Dans les débuts de notre couple, c'est vrai que je m'amusais à deviner les pensées de Saskia, que je voyais une force, un indice manifeste que nous étions faits l'un pour l'autre dans notre capacité à nous raconter les détails de nos vies en suscitant chez l'autre une écoute passionnée, des échos qui n'avaient jamais rien de mécanique et de factice, ou bien, à l'autre bout du spectre des manières d'être ensemble, dans ce don que nous avions de nous comprendre en nous passant des mots. Et quand Iris est arrivée (dans le dialogue imaginaire qui continue de me lier à Saskia, et où les arguments ne se sont pas extirpés de leur mêlée générale, je concède ce point également), quand Iris inconnue est soudain devenue dans nos vies cette présence quotidienne, je me suis souvent trouvé mal à l'aise devant son opacité.

Il m'a fallu du temps avant de savoir fréquenter ses absences. C'est quand elle ne me regarde plus – qu'elle part dans un ailleurs dont je ne connais pas la carte. Sans crier gare, elle tombe dans des mélancolies qui l'enveloppent de la tête aux pieds. La lueur disparaît de ses yeux. Tout son visage se couvre, s'éteint. La regarder, alors, c'est se perdre dans le ciel un jour où la lumière, la pluie, le vent s'y succèdent sans répit, faisant et défaisant les nuages, déjouant les prévisions. Et quand cela se prolonge, j'avoue que je ferais à peu près n'importe quoi pour la tirer de ce qui à mes yeux ressemble à un abîme, et que je me dis parfois que je n'ai pas besoin de son accord, qu'on ne demande pas son avis à quelqu'un qui se noie et qui n'a peut-être déjà plus la force de crier.

Plus souvent, néanmoins, je reste sans rien faire, tiraillé par mes doutes. Je ne sais pas s'il faut que je guette des signes ténus sur son visage, que je cherche à deviner ce qu'il en est même si c'est difficile, ou si l'observer de cette manière, même avec le plus grand des calmes et sans intensité, c'est encore essayer de la ramener de force, alors qu'il faut attendre tout simplement qu'elle choisisse de revenir d'elle-même. Dans mes pensées, cela chuchote : Est-ce qu'il est bien de lui demander si elle est triste ? Est-ce qu'il faut la prendre dans mes bras, ou la laisser tranquille ? Et me voilà, Malo Claeys, tâtonnant vaille que vaille, en me disant pour me rasséréner que si je tente ces approches avec beaucoup de lenteur et de délicatesse, de sorte qu'il lui suffise d'un geste pour les arrêter, elle pourra me les reprocher comme des maladresses, peut-être, mais pas m'en tenir longtemps rigueur, pas y voir une tactique que j'aurais mise en place pour m'imposer à elle.

Avec le temps, qu'on appelle aussi l'expérience, j'ai compris que mieux valait dans la plupart des cas ne pas intervenir. Parce qu'elle me l'a souvent laissé entendre, je sais qu'il est vital qu'elle puisse être à côté de moi et tout à fait ailleurs. Je la crois quand elle dit que ce qui l'attire hors du présent est anodin plus souvent que douloureux. Je sais, pour m'être trompé cent fois, que je n'arrive pas à faire la différence. Jamais je ne pourrai, dans les mélancolies d'Iris, deviner où commence le repos dans lequel elle se réfugie après s'être dépensée, avoir beaucoup parlé, pour reconstituer ses réserves, et ce qui le distingue extérieurement du mal-être que fait sourdre en elle une phrase blessante qu'on lui a dite, ou bien de ces moments d'angoisse où certains pans de l'avenir qu'elle se construit par l'imagination lui apparaissent soudain friables, ou ce qui sépare tous ces états, ce repos, ce mal-être, cette angoisse, de la remontée de ce qu'elle a vécu dans cet élevage, du retour dévastateur et imparable des traumatismes anciens. Elle a fait sa guerre, en tout cas : elle a le psychisme des vétérans, enclos dans un crâne lisse qui n'est parfois même pas lézardé de l'extérieur, mais s'ouvrant par endroits, à un mot de trop, à une image qui en rappelle une autre, de failles qui sont imperceptibles mais qui sont insondables.

Il m'a fallu du temps avant de savoir fréquenter ses absences. Mais ce temps m'a fait changer, je crois : il a fini de me convaincre qu'il était beau de vivre avec le silence et l'énigme. Et c'est ce que Saskia n'a pas compris, ou ce qu'elle n'a pas voulu admettre. Dans ma relation avec elle, je me suis mis à souffrir de la volonté de transparence ; elle se sentait si proche de moi qu'elle ne saisissait pas pourquoi je ne la laissais pas l'être un petit peu plus encore, et se placer à l'endroit depuis lequel elle arriverait à lire dans mes pensées. Elle se torturait à se demander pour quelles raisons inavouables je choisissais de les lui masquer pour la plupart, alors que nous aurions pu nous en dire tellement plus, et regarder toutes les choses du monde en entendant dans notre for intérieur murmurer la voix de l'autre. Même aux heures où ne se cachait dans mes pensées aucun souvenir, aucun projet, aucun désir dont elle aurait pu prendre ombrage, je me sentais cerné. Par des questions qui se voulaient sereines, inoffensives – mais je la voyais venir de loin –, elle me demandait de rendre compte de mes têtes. Elle en venait vite à m'accuser de dissimulation, alors que dans mes silences il y avait toute ma nostalgie, mes fatigues, mon besoin d'envolées au-dessus du cercle de ma vie minuscule, mais toutes les formes les plus subtiles de mon bonheur, aussi.

Le soir, Saskia et Iris se retrouvaient face à face. Il n'y avait pas d'affrontement direct, car il ne pouvait pas y en avoir : Saskia savait qu'une part de sa jalousie ne regardait qu'elle, et aurait été bien en peine de reprocher à Iris quelque chose de précis ; et si Iris avait évidemment remarqué que Saskia avait perdu toute sa tendresse pour elle, j'ignore dans quelle mesure elle aurait pu en donner les raisons. Parfois, rentrant tard du travail, je trouvais Saskia retranchée dans notre chambre, Yanis très abattu de n'avoir pas réussi à jouer les médiateurs, et Iris au salon, le front appuyé à la fenêtre, les yeux suivant vaguement la tristesse rectiligne du boulevard. Mais lorsque l'air n'était pas trop chargé de tensions accumulées, c'est autre chose qui le faisait vibrer, alors : c'est le soir que venait la musique.

Ici aussi les mots trébuchent. Mais néanmoins : il faut parler de la musique d'Iris. En musique elle se sent plus libre, moins engagée que dans ce qu'elle peint. C'est d'une certaine manière son art mineur, celui auquel on se livre pour son propre plaisir, ou pour celui des autres, mais sans y placer trop d'enjeu. Elle est douée pour cela aussi, infiniment plus douée que nous, comme c'est le cas de tous les hommes. Il semble qu'il y ait, dans la musique, quelque chose d'éphémère, d'immatériel, de très évanescent, qui la situe hors de notre portée. Mais je sais l'apprécier, pour ma part, je me suis même mis à l'aimer au point que je souffre quand je m'en trouve privé, sans pouvoir pour autant composer la plus bénigne des mélodies.

Iris joue de la guitare sèche, du hautbois, du piano. Elle chante. La liberté, là-dedans, c'est qu'elle arrive à créer une musique qui ne se rapporte pas d'emblée à la réalité. Et quel repos, cela... Sur cette terre, Malo, tu verras, me soufflerait ma mère : il y aura de la musique, et nous nous reposerons. De temps à autre, bien sûr, le flux de ses improvisations la mène à un enchaînement de notes anxieuses, sur lesquelles ensuite elle retombe en dépit des tours et détours, jusqu'à ce qu'elles prennent la forme d'un piège ou d'une obsession. Mais plus souvent, elle laisse partir la finesse de ses doigts, ses lèvres, sa gorge, et on se demande par quel miracle on continue de les voir alors qu'elles sont ailleurs, en train de vaincre la gravité. Cela s'envole, oui. Et plane. Cela retombe et se relance. Même quand ça ne s'élève plus, ce n'est pas pour autant fini – le silence garde l'empreinte des notes, et elles résonnent encore. Souvent, j'ouvrais la baie vitrée pour les voir monter dans l'air et flotter dans la nuit. Elles ricochaient entre les verticales des tours, traçant tantôt leur ligne haute, soutenue, un peu austère, et tantôt des ondulations qui rendaient du mouvement aux immeubles assagis, à l'appesantissement de la pierre et du béton.

Au bout d'un moment, Iris nous suivait dans notre chambre, se calait sur le rebord de la baignoire. Et tandis que je glissais dans l'eau, avec l'idée de m'approcher sans à-coups du sommeil, elle était là, ange musicien pieds nus sur le carrelage, hautbois aux lèvres, ou guitare contre le ventre, à me jouer en guise de berceuses les mélodies irrépressibles dont le vieil adulte que j'étais avait le sentiment d'avoir encore besoin. C'est elle, alors, qui tous les soirs était à mon chevet. Et si moi je l'ai été ces derniers jours à l'hôpital, cela ne fait qu'un peu payer la dette. Quand on y pense, ce n'est pas rien, tout de même : *être au chevet*. Il y a des choses qui partout dans le monde nous appellent, à voix haute ou à voix muette, et qui ont besoin pour survivre ou pour mourir paisiblement que toutes affaires cessantes nous nous rendions à leur chevet. Une fois de plus : est-ce que nous entendons ? est-ce que nous répondons ?

Ce sont ces moments-là, surtout, que Saskia n'a pas supportés. Est-ce que j'y pouvais quelque chose ? Le sommeil, avec les années, s'est retiré loin de moi, jusqu'à me narguer comme un jour de canicule l'eau fraîche d'une mer à marée basse. Et la musique d'Iris, même quand elle ne faisait que fredonner, quand elle glissait seulement sans insister sur des paroles qui ne voulaient rien dire, avec sa voix au timbre grave où vibrent de petits morceaux de métal, c'était devenu le chemin le plus sûr pour en retrouver un peu. Les médecins que je suis allé voir pour contenter Saskia, et parfois avec elle, m'ont affirmé en chœur que c'était le meilleur des traitements dont j'aurais pu rêver, car ce n'en était pas un.

Peu de temps après, pourtant, Saskia m'a déclaré que décidément elle n'en pouvait plus, que cette musique qui m'aidait moi l'empêchait elle de trouver le sommeil. Elle jugeait Iris incapable de jouer plus de quelques minutes sans se laisser attirer par une zone de peur et de mélancolie qui n'était vraiment pas propice à nous rendre légers. Ce n'était pas une gardienne du sommeil, disait-elle, prête à veiller tandis que nous dormions, c'était une gardienne du sommeil qui se tenait à ses portes, en défendait l'accès, faisait un pas de côté pour rester face à vous chaque fois que vous tentiez de la contourner, et tout cela avec un air d'innocence qui ne rendait le procédé que plus irritant et plus pervers.

Saskia n'a pas tiré de conclusions tout de suite. Elle a attendu que notre rupture paraisse naturelle. Quand Yanis a commencé ses études d'océanographie, dans la grande ville du Sud, au bord de la mer calme, elle m'a dit qu'elle déménageait, qu'elle voulait être près de lui, vendre son cabinet et en ouvrir un autre là-bas. À partir du moment où Yanis ne vivait plus avec nous, elle ne se voyait pas rester seule avec Iris et moi. « Je crois que je vous dérangerais », a-t-elle tenu à me résumer avec un pli amer. Et moi bien sûr j'ai monté le ton, comme chaque fois qu'elle arrêtait de réfléchir pour assener des choses qu'elle savait pertinemment être fausses ou s'abaisser à des provocations mesquines.

Pour autant, je n'ai pas manqué de me remettre en cause. Avant que Saskia n'entérine sa décision. Avant les montagnes de cartons, le scotch, le camion à la porte. Je me suis posé toutes les questions. Pourquoi j'ai eu de plus en plus besoin d'être seul ? De moins en moins besoin de parler ? De plus en plus de mal à dormir ? Je me les suis posées une à une, mais j'y ai résisté aussi. Même aujourd'hui, je me raidis à les entendre. Car en vérité je n'en sais rien. Je ne pense pas, sincèrement, qu'il suffise de chercher avec application, de se raconter sur un divan ou de s'en remettre à un médecin pour tout comprendre de soi. Nous sommes livrés sans mode d'emploi. Nous vieillissons et nous changeons. Et ce que Saskia m'a reproché, en somme, c'étaient des choses qui me dépassaient, dont je n'étais pas maître. Alors je n'avais pas toujours la force d'arrêter le mouvement de ma vie pour les reconsidérer. Je pouvais, tout au plus, tenter de changer la donne par petits essais pragmatiques : non pas sortir de la solitude ou de l'insomnie, qui se trouvaient là, indésirables et bien ancrées, non pas avoir la prétention d'en finir avec elles, mais chercher à me construire une vie qui leur ménage une place sans les laisser m'accaparer ou me mettre pour de bon à terre.

Ils sont partis tous deux, mon fils, ma femme, pour la grande ville du Sud, au bord de la mer calme. Je me suis retrouvé seul. Dans l'appartement déserté, j'ai vu qu'Iris aussi était triste de leur départ. Sa vie déjà austère se vidait un peu plus. Ensuite. Lentement. Le quotidien s'est recomposé. Nous avons reconstruit. Le week-end, pour peu qu'il ne pleuve pas des cordes, nous sortons marcher en forêt jusqu'à avoir les jambes raidies de crampes. Aux moments de l'année où mes occupations au ministère me laissent un peu plus de liberté, nous partons pour la maison de campagne qu'ont acquise mes parents, et où ma mère ne va plus beaucoup depuis que mon père est mort. C'est à cinq heures de route, ça ne vaut la peine que si on a devant soi trois quatre jours au moins. C'est là, dans l'ombre de nos pommiers qui donnent des pommes acides, qu'Iris s'est prise d'une passion de jardiner, à planter des glaïeuls, à ramasser des haricots, à déterrer des rattes.

L'année dernière, du coup, l'année de ses vingt-cinq ans, pour marquer d'une pierre blanche son anniversaire dont nous ne connaissons pas la date, j'ai aménagé la terrasse. Ici, face à la ville, cela paraît dérisoire, cet olivier malingre, les quelques plants de tomates, la menthe, la lavande qui ne peuvent rien contre les cancers et les tumeurs qui se préparent dans l'air. Mais cela nous tient à cœur ; c'est un endroit à nous, une manière très concrète de ne pas capituler. Nous pouvons y passer des heures, à grattouiller la terre, en n'échangeant qu'une phrase de-ci de-là. De temps à autre, à côté de ces plaisirs, la terrasse c'est aussi le désespoir de voir des plantes dont pourtant on s'occupe péricliter et aller vers leur mort. Iris n'est pas bien ces jours-là. Je l'entends se relever la nuit aller retirer des fleurs fanées, asperger d'eau les feuilles, tourner un peu le terreau ou y remettre un peu de compost.

Chaque soir ou presque, maintenant, nous regardons des films. C'est que le soir j'en ai marre d'être moi-même. Je veux sortir, et je n'ai plus l'énergie pour sortir physiquement ; si c'était envisageable, d'ailleurs, j'aimerais sortir sans m'accompagner, en me laissant moi-même à la maison. Après douze heures de séquestration continue dans mon corps, douze heures où j'ai agi en individu responsable, en élaborant dans ma tête des réflexions logiques, en déployant beaucoup d'efforts pour en faire part aux autres, j'ai besoin de lâcher prise, que la fiction prenne le relais, me dessaisisse, m'amène dans un état flottant qu'à son tour je ne veux quitter que pour essayer ensuite de rejoindre celui du rêve. Alors. Je me blottis dans le canapé, je m'abandonne aux images. Je ne pense plus mais je suis encore. Et Iris est à côté de moi.

Parfois, quand l'histoire tourne mal – ou bien quand l'un des personnages dit quelque chose d'assez sublime, ou s'ouvre d'une faiblesse l'air de ne pas y toucher –, je sens que des larmes lui viennent. Je ne sais pas à quel signe je me fie. Peut-être sa respiration qui s'altère légèrement. Ou un reniflement qu'elle a, très net et bref.

Ou c'est que moi-même je me sens ému, et me dis que si c'est le cas, elle qui est plus sensible doit être déjà plus loin, un peu plus près des larmes. Sans la regarder, je passe le dos de ma main sur les méplats de ses joues pour sentir si elles sont trempées. Je les embrasse. « Bah alors », je lui dis. « Oh ça va », elle répond, et me repousse mollement, comme si elle ne voulait pas que je la voie dans un état pareil, que c'était ridicule.

Un soir, je lui ai avoué la vérité : je lui ai dit que je donnerais cher, en fait, pour faire partie de ces artistes qui arrivent à la faire pleurer. « C'est un but dans la vie, ça, tu vois. Ça pourrait l'être. » Et des semaines plus tard, une fois que cette idée a fait son chemin dans sa tête, elle m'a dit, en retour, qu'il n'y avait pas que les œuvres d'art ou la fiction qui lui faisaient cet effet-là. « Quand tu te bats, tu sais… Quand je te vois te battre, par le discours que tu cherches à faire entendre, par ton travail… » Cela aussi parfois, apparemment, lui fait venir des larmes. Et pendant ces dernières années, ainsi, j'aurai passé mon temps à tenter de faire couler les larmes d'Iris ; pas des larmes de souffrance – car elle avait déjà donné –, mais les larmes de joie et de tristesse qui montent quand toute l'intensité et la fragilité de la vie se condensent en un instant.

Il n'y a pas si longtemps – douze mois, quinze mois peut-être – après dix ans chez moi – Iris a commencé à se sentir assez forte pour sortir seule et arpenter la ville. L'envie et la curiosité ont dépassé la peur. L'idée, pour ne rien vous cacher, ne me mettait pas très à l'aise. J'avais peur pour elle moi aussi. Je voyais déjà tomber sur moi les nuits où je l'attendrais sans dormir, en craignant qu'il ne lui soit arrivé quelque chose. Mais je l'ai laissée faire. Je savais que cette déclaration d'indépendance devait arriver, et je me disais que sans doute il était temps. Même si rien ne pouvait absolument garantir des dangers, je l'avais par ailleurs assez préparée, je crois, pour que son attitude spontanée soit une attitude responsable.

Dès que portes et fenêtres se sont entrebâillées, j'ai constaté qu'elle piaffait d'impatience à un point que je ne soupçonnais pas. Peut-être d'ailleurs ne s'en était-elle elle-même pas rendu compte. Ce sont les premiers moments de liberté qui lui ont révélé l'étendue de sa frustration. C'est d'agir un peu qui lui a fait prendre conscience qu'elle ne supportait plus d'être réduite au statut de spectatrice – ou que le travail qu'elle accomplissait n'ait aucune forme d'influence, ne lui vaille que la reconnaissance, acquise, trop souvent affirmée et partant démonétisée du maître que j'étais.

En quelques semaines spectaculaires, elle s'est mise à parler de sa peinture d'un ton plus affirmé et revendicatif. « Je ne fais ça ni pour toi ni pour moi, disait-elle. Ce sont les murs qui comptent. » Et sur les murs, les quais du fleuve, les façades, les trottoirs, elle voulait peindre de grands yeux affolés, et ne pas dire à qui ils appartiennent. Elle voulait des yeux qui ne cillent pas, et que les passants de mon espèce commencent à se demander : Qui est-ce qui nous regarde avec ce regard-là ? Ces yeux braqués sur nous, de quelle nuit sortent-ils ? Est-ce que ce sont des regards que nous allons devoir soutenir ?

À certains endroits, son travail lui a valu de vifs encouragements. Ailleurs on l'a minimisé, on a traité ses ambitions avec condescendance. Quand elle venait d'en passer par là, elle enrageait, elle avait des mots d'un orgueil que je ne lui connaissais pas et que je trouvais un peu effrayant. « Mais j'ai compris, me disait-elle. Si je me montre gentille, ils ne me respectent pas. Si je suis gentille, ils me font sentir que je suis bien gentille. Je ne vais plus sourire maintenant. Ils pourront crever un à un avant de revoir un de mes sourires. » J'imagine que c'est comme ça que Léo Ostias l'a attirée. En lui montrant que dans son réseau elle était prise très au sérieux, et que sa peinture surtout devenait partie prenante d'un combat dont le champ de l'art n'était qu'un des théâtres d'opération.

Lorsque j'ai eu la preuve qu'elle ne faisait pas que sortir, mais qu'elle prenait des risques, multipliait les contacts avec des résistants, cela s'est tendu entre nous. Je lui demandais de me dire au moins où elle allait, et elle s'y refusait de plus en plus souvent. Je sentais qu'une moitié de sa vie devenait souterraine, poussait des ramifications, plus loin, et plus dangereuses. Il m'est arrivé, après des disputes à ce sujet, de partir pour le ministère en l'enfermant à clé, de crainte qu'elle ne s'embarque dans un projet de fous ou de suicidaires. Tandis que l'ascenseur grimpait tous les étages, je l'entendais gratter contre la porte, crier ou me supplier. À mon retour le soir, elle ne décrochait pas un mot, jusqu'à me lancer simplement avant d'aller dormir, droit dans les yeux, du ton de quelqu'un qui ne compte pas répéter : « Je ne veux plus que tu m'enfermes, tu entends. » Et moi je lui répondais que j'étais d'accord pour lui imposer le moins de contraintes possible, mais que j'aurais voulu être sûr que ce qu'elle allait chercher dehors était sa liberté – et pas sa destruction.

Deux ou trois fois au moins elle m'a dit qu'elle avait compris ce que je cherchais à lui expliquer, et qu'en y réfléchissant mieux elle était d'accord avec moi. Mais cela ne la dissuadait pas de récidiver peu après. La colère m'a soufflé, dans les heures pleines de secondes que je passais à l'attendre : En fait elle a leurs pires défauts ; elle est inconséquente ; elle ne s'est pas plus tôt fixé une ligne de conduite qu'immédiatement elle y déroge. Je détestais l'inconséquence. Force est de constater néanmoins que ça ne m'empêchait pas d'aimer Iris. Je l'aimais peut-être malgré cela, malgré le degré terrible auquel il lui arrivait de pousser la chose. Ou alors il y avait quelque part sous ma peau une figure de moi que je connaissais mal, parce que je n'entretenais avec elle que peu de contacts conscients, et qui – pire – l'aimait pour cela même.

Est-ce que j'aurais dû être plus sévère et plus prudent encore ? Contrôler ses allées et venues ? En faire ma prisonnière après avoir été celui qui l'avait aidée à s'enfuir ? Je peux me poser toutes les questions, je peux avoir dans l'œil les lumières de l'ambulance, le rouge atroce de sa jambe écrasée, et prendre le temps de me faire tous les reproches. Mais en réalité, il n'est pas sûr que la sévérité aurait servi à quelque chose. Je sais qu'on ne retient pas. On n'empêche pas les gens de se faire du mal. Et j'imagine qu'elle aussi aurait fait autrement si elle s'était sentie capable d'accepter encore des limites, s'il lui avait paru concevable de ne connaître qu'une version restreinte de ce qu'est la liberté. Je veux me dire qu'il n'y a rien à regretter, pas de remords à avoir – mais quand je lève les yeux de la page où j'écris, et que me cerne soudain cet appartement vide, et sans musique, et sans sommeil, c'est difficile d'y croire tout de même.

Enfin, quoi qu'il arrive. On ne m'ôtera pas les images – les instants – les années.

10

J'ai dû dormir deux heures tout de même. Et au réveil – ce matin – je me suis dit : Bats-toi. Ce qu'elle attend de toi, c'est que tu te battes. Il faisait nuit encore : j'ai pu passer quelques appels, regarder la ville pâlir, m'organiser.

Quand je suis arrivé à l'hôpital, il s'éveillait à peine, et n'avait pas encore repris son bourdonnement de machine à trier les vivants et les morts. Ceux de l'équipe de nuit étaient déjà rentrés chez eux, ceux de l'équipe de jour observaient avec attention leurs tasses de café vides en se disant qu'il était temps de s'y mettre. La chirurgienne d'Iris était déjà au bloc, et cela ne tombait pas plus mal, car après notre conversation de la veille mon envie de la croiser touchait à ses limites. Le médecin qui m'a reçu m'a convié à m'asseoir dans son petit bureau anodin. Tandis qu'il cherchait le compte rendu des deux opérations qui s'étaient enchaînées, j'ai eu amplement le temps de me rappeler quelques données élémentaires : le rejet de greffe n'était pas son échec ; Iris n'était pas sa patiente ; il ne vivait pas avec elle et ne l'avait pas sauvée d'un élevage ; elle n'était pour lui qu'un dossier qui finissait de suivre son cours et qu'on pourrait bientôt classer, un lit libre sous peu et dont probablement on ferait meilleur usage.

Voix lente et grave, regard qui ne regarde pas, il m'a expliqué que l'opération de la nuit avait consisté à défaire en quatre heures ce que la chirurgienne dans la journée avait construit en six. Iris avait repris conscience, mais elle était trop faible pour que l'on puisse risquer une nouvelle tentative dans les jours qui venaient ou même à moyen terme. Mieux valait maintenant accepter d'abréger ses souffrances. À ma question là-dessus, que j'ai essayé de rendre calme et factuelle, il a convenu que c'était une manière de parler. Du point de vue médical, l'état d'Iris allait sûrement se stabiliser, elle aurait tout à fait pu continuer à vivre avec ce tiers de jambe en moins. C'est du point de vue légal que cela n'allait pas. Abréger leurs souffrances, c'était, j'étais certainement au courant, le motif qu'invoquait l'article L124 pour justifier l'euthanasie des hommes quand ils deviennent infirmes. Est-ce que je souhaitais qu'il m'en fasse la lecture, pour mieux comprendre peut-être ? Je lui ai dit que ce n'était pas la peine. Mon amour des textes de loi aussi touchait à ses limites. « Je sais comme on s'attache… » a-t-il tenté alors que le silence devenait pesant. Mais lorsqu'on choisissait de prendre des humains de compagnie – ce à quoi, après tout, personne n'était forcé –, peut-être le plus sage était-il de profiter de leur présence tant qu'elle durait, mais de garder en tête aussi que leur existence était beaucoup plus éphémère que la nôtre, et qu'on avait de fortes chances de leur survivre, de les voir mourir trop tôt à notre goût. En pratiquant la loi, il s'était rendu compte, malgré, il le reconnaissait, des réserves initiales, qu'elle ne prévoyait là que des dispositions raisonnables : « Déjà qu'une vie d'homme, ce n'est vraiment pas grand-chose… Quand on parle d'hommes handicapés, vous savez, on ne se rend pas forcément compte, nous autres, mais ce n'est plus une vie qui vaut la peine. »

Comme je ne répondais pas, qu'il ne trouvait pas quoi dire d'autre et qu'il jugeait sans doute s'être acquitté du moment empathique, il m'a informé tout doucement du choix qui se présentait : je pouvais faire l'injection moi-même, ou regarder un médecin la faire, ou ne pas y assister – cela ne dépendait que de moi. Il me restait, autrement dit, une passionnante marge de manœuvre pour exercer mon libre arbitre. Le formulaire soudain s'est retrouvé devant moi, à quelques centimètres. Je devais cocher la case qui me convenait. Porter, au bas du texte, les trois mots *lu et approuvé*. Et puis, à cet endroit – qu'il pointait de son stylo – eh bien, tout simplement, signer.

La lumière dans la chambre. Derrière le voilage et les vitres se profilait le ciel de ce que, dans la grande ville du moins, où il ne faut pas être trop exigeant, on continue même quand on respire mal à appeler une belle journée. Le bruit de la porte, mes pas, ma main serrant la sienne n'ont pas fait réagir Iris. Je me suis rappelé comme le sommeil et l'inconscience voisinent avec la mort. Mais pour l'instant les draps se soulevaient, son cœur battait. J'ai regardé un peu ce mouvement. J'aurais voulu qu'il ne s'arrête jamais. Iris avait le visage sec, parcouru de petites rides que je ne lui avais jamais vues. J'aurais voulu qu'elles ne soient que les premières, qu'elles aient le temps de se creuser. Du bout des doigts, je lui ai mis de la crème. J'ai nettoyé ses yeux et la commissure de ses lèvres avec un coton doux. Paupières qui tremblent, puis qui s'entrouvrent, pas beaucoup à vrai dire, mais ce qu'il faut pour distinguer des formes au-delà du flou des cils, elle m'a reconnu et a souri. Si vous voulez, avait dit le médecin, nous pouvons faire cela dans son sommeil, elle ne se rendra compte de rien. Mais moi je ne voulais pas qu'elle ne se rende compte de rien.

Quand elle a été assez éveillée (je n'avais pas envie de la brusquer, mais nous n'avions pas beaucoup de temps), je lui ai montré l'arrêt de mort. Je n'avais pour l'instant rien coché, rien signé. Lorsque j'avais plié et glissé la feuille dans ma poche, en disant au médecin que j'allais commencer par voir Iris, puis certainement, avais-je ajouté en laissant les mots prendre une dangereuse avance sur ma pensée, par l'associer à cette dernière décision qui après tout la concernait, ses traits de l'autre côté du bureau s'étaient arrêtés brièvement dans une forme d'incrédulité. Je m'étais maudit aussitôt d'avoir cru bon de fournir cette précision que personne ne me demandait. Est-ce qu'elle ne risquait pas de me transformer dans son esprit en un individu étrange qu'il valait mieux garder à l'œil ? Mais quelques secondes plus tard, par chance, un de ses collègues avait passé dans l'entrebâillement de la porte une tête impérative : on avait besoin de lui tout de suite. Il avait fait signe qu'il arrivait, s'était retourné vers moi pour conclure. Que je veuille revoir Iris, et réfléchir un peu, c'était tout naturel. J'avais, disons, une bonne heure devant moi. Après, il faudrait procéder.

Iris a lu le papier ligne à ligne. Quand elle s'est rendu compte qu'il ne manquait plus qu'une croix dans une case, trois mots, une date, ma signature, tout son corps s'est cabré. Malgré la grande fatigue qui l'empêchait de soulever ses jambes, ou de refaçonner les oreillers bosselés pour soulager sa nuque, il n'y avait pas chez elle une ombre de résignation. Elle lisait et n'approuvait pas. Elle n'était pas prête, pas du tout.

S'il en était besoin, cela a achevé de me convaincre. Je me suis penché tout près d'elle, je lui ai soufflé ce que nous allions faire. Et elle m'a dit d'accord, d'accord, d'une voix empressée et coupée de hoquets. Je me suis dirigé vers la porte, elle m'a rappelé dans un murmure. « Malo ? Mais est-ce que je vais en être capable ? » Je l'ai embrassée très fort, je lui ai dit bien sûr. Puis je me suis détourné pour ne pas qu'elle voie mes larmes.

Dans l'ascenseur, les gens vous regardent toujours. Ils voient sur quel bouton vous appuyez, où vous allez, quel genre de démon vous êtes. J'ai attendu que le couloir soit vide, et j'ai poussé la porte coupe-feu qui donnait sur les escaliers. Je suis descendu en spirale, en me contraignant à ne pas sauter de marches et à ne pas forcer l'allure. Je n'ai croisé personne.

Au quatrième sous-sol, le parking étalait son enfer de béton gris. Derrière un des piliers massifs qui soutenaient tout le bâtiment, j'ai repéré l'ambulance, vérifié chiffre à chiffre et superstitieusement le numéro d'immatriculation, puis tapé sur la porte arrière deux coups légers, un coup plus fort, encore deux coups légers. Sésame, secours, salut, si tu existes, réponds. On a déverrouillé. Comme nous en avions convenu au téléphone, Léo Ostias attendait là avec Mirad Neves. À les voir silencieux, fin prêts, aussi concentrés que dans leur carcasse tremblotante de métal des parachutistes qui s'apprêtent à sauter au-delà des lignes ennemies, j'ai quasiment bondi de reconnaissance et d'espoir.

Ostias m'a tendu les clés. Je les ai aidés à descendre le brancard. C'est lui qui m'avait fait remarquer, dans nos cogitations accélérées par l'aube, alors que nous cherchions quelle faille du beau système nous allions exploiter, que si les ambulanciers de l'hôpital étaient toujours des gens de mon espèce, le maniement des brancards, tâche logistique, ingrate et sans frisson, incombait souvent à des hommes.

Tandis qu'ils filaient vers les ascenseurs sans que nous ayons échangé un mot, j'ai revêtu la tenue posée sur une des banquettes latérales, le coton blanc des anges dont rien ne doit entraver les mouvements. Puis j'ai fait le tour du véhicule et je me suis hissé sur le siège conducteur. Je les imaginais, là-haut, pénétrer dans la chambre, débrancher le pied à perfusion, faire passer le corps docile mais lourd de tensions d'Iris d'un matelas à l'autre, avec des gestes malgré tout moins habiles que ceux de brancardiers de métier, tirer le drap jusqu'à son menton, lui couvrir la tête d'une charlotte pour qu'aucune boucle ne s'échappe qui se repère de loin. Une infirmière scrupuleuse ou ne serait-ce qu'un instant désœuvrée, le médecin passé voir à quelle vitesse je me laissais envahir par la résignation, un ascenseur qui ne vient pas alors même qu'on l'appelle : le moindre accroc me paraissait de nature à fragiliser tout notre plan. Ils ne méritent pas le nom de plans, a affirmé en moi une voix distincte, ceux que le moindre accroc compromet. Mais à cette voix j'ai répondu que pour le moment les doutes n'avaient plus le droit à la parole.

Comme les portes de l'ascenseur échappaient à mon champ de vision, ce qui me donnait le sentiment que je ne contrôlais rien, j'ai entrepris une marche arrière. Le corps de l'ambulance là-bas m'a aussitôt paru mener une vie indépendante. Je me suis dit, mais regarde-toi Malo. Qui allais-je essayer de convaincre, avec mes manœuvres par à-coups, que je connaissais ce métier ? D'un autre côté – voilà que la sueur entrait dans la danse, commençait à perler – il n'était pas plus mal que je me fasse la main maintenant, avant que les yeux clairs de Léo Ostias ne me donnent honte de ma maladresse et ne se mettent à l'empirer. Je m'étais positionné avec talent au milieu de l'allée centrale lorsque je les ai vus revenir. J'aurais voulu dire un mot à Iris, vérifier – les démons ont leurs névroses eux aussi – que c'était bien elle sous le drap blanc, mais chaque seconde perdue maintenant pouvait nous faire défaut plus tard. Sitôt qu'ils ont eu fixé le brancard, fermé les portes, j'ai démarré. Je suis remonté en spirale, en fixant chaque virage comme un ennemi dont seuls pouvaient avoir raison des gestes millimétrés. Lorsque, à l'approche de la sortie, je me suis rendu compte qu'il fallait badger, j'ai eu quelques instants de panique, mais Léo Ostias à l'arrière a senti mon coup de frein et n'a pas hésité sur la manière de l'interpréter. « Dans votre poche de poitrine gauche, je vous ai dit. » La carte d'accès s'y trouvait, indéniable. La barrière a obtempéré, j'ai pu sortir du bâtiment puis de l'enceinte de l'hôpital.

La ville dehors, c'était étrange, n'avait pas cessé d'exister. Au bout de cent cinquante mètres, alors que le premier feu rouge menaçait, j'ai lancé les sirènes. En les entendant fendre l'air à m'en déchirer les tympans, j'ai aussitôt eu l'impression qu'elles attiraient sur moi une attention exagérée, qu'elles signalaient en ma personne à tous les conducteurs de toutes les rues de la ville un délinquant en fuite, comme si j'étais de ceux qui sont poursuivis et qui se sauvent, non pas de ceux qui sauvent des vies et à qui il est entendu qu'on doit céder le passage. D'instinct, ma main s'est rapprochée du commutateur, ou quel que soit le nom du machin, pour arrêter ce massacre, pour que ces regards qui me gênaient quand bien même ils étaient invisibles ne convergent plus vers moi, mais lorsque j'ai constaté que les voitures devant roulaient au pas, que certaines étaient presque immobiles, et que pourtant toutes se rangeaient tant bien que mal pour que je puisse aller de l'avant, je me suis rappelé pourquoi j'avais eu cette idée, et qu'il n'y avait pas de meilleur moyen d'exploiter le temps d'avance dont peut-être nous disposions. Un bref moment, même, sur des avenues, dans des tunnels où en d'autres circonstances j'avais perdu des heures précieuses qui étaient des heures de ma vie, en cherchant dans ma tête pour tromper l'ennui, une fréquence où ne retentiraient que des musiques apaisantes, j'ai pris plaisir à cela : traverser la ville saturée, fendre la foule en individu que rien n'arrête. Et après tout il n'entrait pas dans ma revendication d'un droit à la vitesse la moindre mesure de mensonge : comme souvent lorsque les sirènes font retentir leurs cris, il en allait à proprement parler de la vie et de la mort.

À deux kilomètres au nord-est de la ville, alors que la banlieue commençait à scander les rangées d'immeubles de ses parcelles vides, de ses espaces à l'usage indéterminé, et qu'on roulait depuis quelques minutes sur ce qu'Iris m'avait dit être le territoire de Léo Ostias, je suis entré dans le garage dont il m'avait fourni l'adresse, qui paraissait désaffecté, désert, et dont le portail relevé pourtant n'attendait que nous.

Par intermittence, en chemin, l'idée que nous étions suivis était venue m'effleurer, mais comme je n'arrivais pas à donner une seule forme ou une seule couleur à la voiture dont mes coups d'œil dans le rétroviseur me semblaient pourtant chaque fois confirmer la silhouette familière, j'ai préféré conclure à un cas de paranoïa constructive, à un effet de l'extrême méfiance que la situation exigeait. Une fois le portail fermé, l'ambulance stationnée près d'une muraille précaire de bidons couverts de rouille tout au fond du garage, nous sommes tous descendus et nous avons posé à terre le brancard.

C'est là que nos routes divergeaient. Mirad Neves allait rester sur place, changer la plaque d'immatriculation, nettoyer l'ambulance de fond en comble pour en effacer nos empreintes et pour que ceux qui peut-être remonteraient la piste jusque-là perdent un peu de temps à vérifier que c'était bien ce véhicule que nous avions utilisé. Léo Ostias, lui, devait bientôt pointer à l'usine, et s'était donné pour principe de ne jamais manquer à l'appel pour que personne ne juge utile de se pencher sur son cas.

Je les ai regardés tous deux. Il y avait quelque chose d'étrange pour moi à avoir fait équipe avec des hommes. Ce qui se passait ce matin, malgré toute la tension accumulée, c'était la première chose depuis longtemps dont j'étais fier. Ostias m'a salué. Est-ce que c'était plutôt un homme ? Plutôt une femme ? Plutôt les deux ? Il s'est dirigé vers le brancard d'Iris d'un pas moins vif et assuré que d'ordinaire – c'était l'au revoir, l'adieu peut-être – et il l'a serrée brièvement dans ses bras. Je me tenais un peu loin, pour ne pas les gêner, mais j'observais, tout de même, c'était plus fort que moi. Et dans cette accolade – la tête plus ronde d'Iris s'avançant au-dessus de l'épaule anguleuse d'Ostias – leurs sentiments m'ont paru si contenus, il m'a paru y avoir si peu de déchirement que je me suis demandé si je m'étais construit, par peur qu'on ne m'abandonne, une image exagérée de leurs rapports, ou s'ils avaient parlé plus tôt, dans la chambre d'hôpital, et avaient résolu de ne rien en laisser paraître afin de ne pas me blesser. Si l'attention m'était bien destinée, si c'en était bien une, elle était d'une prévenance qu'on ne rencontre pas souvent. Mais peut-être y avait-il aussi dans cette pudeur de Léo Ostias une manière de reconnaître que même si je n'aurais jamais pu agir sans son aide, c'était tout de même moi qui venais de tirer un trait sur ma vie antérieure et de consentir à perdre tout ce que j'avais pour la sauver, et c'était donc à moi de poursuivre, de me lancer sur la route, avec Iris, où que la route mène.

Avant que nous ne nous quittions, ils m'ont aidé à installer Iris sur la banquette arrière de la berline coloris scarabée que nous allions utiliser pour nous fondre dans le décor. La voiture était large, conçue pour mon genre de gabarit plutôt que pour celui des hommes, et elle allait pouvoir s'y allonger de tout son long. Soulevée de nouveau, en attendant, transbahutée (il devait être atroce pour elle de ne pas pouvoir bouger d'elle-même), Iris qui depuis tout à l'heure serrait les dents a laissé échapper deux cris aigus et inarticulés qui m'ont donné le frisson. En cherchant à me convaincre que c'était seulement l'effet de ses antalgiques qui devait se dissiper, j'ai pris d'autres comprimés dans le sac que je lui avais préparé, et je l'ai regardée qui les avalait avec un peu d'eau et une grimace involontaire à chaque déglutition.

Qu'est-ce que je pouvais faire d'autre pour qu'elle n'ait pas peur du voyage, et parte en étant persuadée qu'elle allait tenir le coup ? Avec l'application qu'avaient certainement les oiseaux quand ils vivaient encore et construisaient des nids, j'ai tassé les deux oreillers contre la portière droite avant de l'aider à y reposer sa tête ; j'ai examiné un instant sa jambe, dont le bandage semblait encore propre, et je lui ai dit que si besoin était je le referais plus tard ; je l'ai bordée dans la couverture, que j'ai fixée comme j'ai pu avec les ceintures de sécurité et les sangles du brancard pour qu'elle ne sente pas les cahots.

Installé au volant après m'être changé, je lui ai jeté un coup d'œil dans le rétroviseur, en ne prêtant pas trop attention aux boucles plaquées sur son front par la sueur, en décidant plutôt de sourire de son air d'animal emmitouflé comme pour un bon sommeil. Et quand je lui ai demandé « On y va ? », à notre façon rituelle, elle a dû sentir affleurer tous les petits matins de nos souvenirs, lorsque la nuit a été courte, que la voiture est chargée, qu'on est mal réveillés encore mais que la route s'ouvre, et elle s'est mise à fredonner les premières mesures de cet air bondissant, libérateur, montant *ostinato* qu'elle avait inventé, et dont elle avait fait avec Yanis notre chant du départ.

Mirad Neves a rouvert le portail ; Léo Ostias a levé

un bras maigre, non pas pour agiter la main, mais pour brandir son poing serré ; j'ai abaissé ma vitre et répondu en serrant le poing moi aussi, haut et fort, haut les cœurs, puis nous étions partis.

Et une grande demi-heure plus tard, quand les premières forêts ont commencé à entourer la route de leurs frondaisons tantôt dénudées, tantôt porteuses de bourgeons encore clos, tantôt parées du vert si tendre des pousses du printemps qui venait, j'ai trouvé en moi un autre souffle, plus lent et plus profond, qui me disait – j'avais envie de le croire – que le temps maintenant allait s'écouler d'une manière moins terrible, et ne jouerait plus contre nous.

C'était un jour de semaine, nous étions presque seuls, avec pour tout cortège quelques poids lourds qui ne semblaient apparaître à l'horizon que pour donner l'échelle, ou jalonner les kilomètres, et que nous dépassions sans frémir à tel point cette voiture après l'embarras de l'ambulance me paraissait maniable. À chaque seconde, un peu de la route devant nous s'en allait derrière nous. Nous creusions la distance avec ce monde à fuir, nous nous rapprochions d'un refuge, et j'ai été gagné par l'impression d'ailleurs que ce n'était pas seulement la ville, pas seulement une région, mais toute la lourdeur d'un passé que j'abandonnais derrière moi. Secours, salut, j'ai murmuré, on dirait que tu existes ?

La veille, dans la soirée, après les catastrophes, j'avais reçu un message de Yanis : il avait suivi le vote, il était désolé de la manière dont les choses tournaient et il m'embrassait fort. Toi, ai-je pensé, tu ne crois pas si bien dire. Et puis, un peu plus tard, cette révélation : j'ai un fils sur qui je peux compter ; j'ai un allié. Je ne savais pas, cela étant, en formulant la chose ainsi, si c'était de l'intuition ou du désir qui battait la mesure en moi. Ce matin, à une heure d'aube, en priant pour qu'il ne dorme pas, ou qu'il se réveille en tout cas et décroche, j'ai voulu vérifier, je l'ai appelé pour le mettre au courant de la situation d'Iris.

Lorsque j'ai entendu sa voix, sa peine immense d'abord, l'abattement dans lequel le plongeaient ces nouvelles, mais ensuite, et assez vite en fait, les obstacles qu'il inventait pour entraver la marche macabre, les idées qu'il faisait fuser pour en trouver ne serait-ce qu'une seule qui jette une lumière différente, j'ai pris conscience que j'aurais dû lui parler plus tôt, qu'il était la bonne personne, parce qu'il aimait beaucoup Iris, mais sans vivre avec elle dans ce rapport de proximité ou de dépendance qui parfois, quand je pense à elle, je dois l'avouer, m'empêche de réfléchir.

Après que nous avons ensemble évoqué, évalué, révoqué des idées qui ni l'un ni l'autre ne nous convainquaient, sa voix s'est animée soudain. « Attends, attends. » Il m'a parlé d'un refuge. Dans l'arrière-pays, à deux heures de là où il habitait, il y avait un endroit où on considérait que les hommes et les autres animaux avaient un certain nombre de droits, et notamment, aussi étrange que cela paraisse, celui de mener leur vie librement. Il était tenu par des gens qui n'aimaient pas beaucoup les formes concrètes de notre supériorité, et qui lui préféraient l'idée de vivre parmi les vivants sans avoir pour projet de les exploiter ou de les assujettir. Ils s'étaient réparti les terrains, s'étaient dispersés dans les vallées et sur les pentes de l'une de ces régions qui ne s'estiment pas tenues de respecter les lois, car elles se souviennent avec acuité que ceux qui ont cherché à les mettre au pas, toutes les armées de tous les puissants à travers tous les siècles, ont découvert à leurs dépens ce que c'est qu'une montagne, un maquis, l'eau qui avec patience creuse des gorges et des grottes, la guerre de guérilla, et ont payé trop cher ces expéditions-là pour songer de nouveau sérieusement à y imposer leur pouvoir tant que le désordre qui y règne ne se dissémine pas au reste de leur territoire.

Au nombre des amis que Yanis depuis deux ans s'était faits là-bas, il y avait des médecins. Iris pourrait y rester quelque temps, y recevoir des soins, peut-être, pourquoi pas, s'y faire réopérer ou poser une prothèse. Elle serait tranquille, elle serait bien. Et maman, a-t-il ajouté (il voulait dire Saskia), maman n'aurait pas à le savoir. Évidemment, c'était à un peu plus de mille kilomètres de chez nous, je devais m'attendre, au moment même où la fatigue de la conduite et de mes dernières nuits blanches commencerait sans doute à me fermer les paupières, à ce que les routes deviennent étroites, s'escarpent, multiplient sans pitié les lacets. Mais ces mille kilomètres, c'était bien ce qu'il fallait pour que se stabilise en moi le sentiment que je m'étais échappé.

Derrière, Iris s'est endormie, bercée par le roulis léger et par le ronronnement du moteur. Pour autant, je n'ai mis ni musique ni radio. N'avoir pour un moment personne à qui parler, rester seul avec mes pensées – souvent, celles que la route me donne sont douces –, cela m'allait très bien tant que dans le rétroviseur je la voyais qui se reposait, qui respirait. J'ai roulé et roulé, franchi sans les compter les hectares que les cultures céréalières investissaient de leur mosaïque jaune brun et vert, puis des forêts que ne perçaient que çà et là ce qu'on appelait dans le monde d'avant des allées cavalières ; j'ai roulé plus vite que le vent n'emportait les nuages, pour faire surgir de premières collines, leur alternance de bois et de champs, les murets de pierre autour des vieilles maisons, de temps en temps un arbre vivant là solitaire.

Ensuite Iris s'est réveillée. Elle avait mal de nouveau. Outre sa jambe qui l'élançait, par salves tirées sans sommation, ses muscles s'étaient endoloris à force d'immobilité. Tout à l'heure, j'avais ajusté les sangles pour qu'elle ne risque pas de tomber en se retournant dans son sommeil, mais maintenant qu'elle sentait son corps, elle étouffait. En constatant qu'elle ne pouvait pas sortir ses bras des couvertures pour changer de position, elle a cherché mon regard dans le rétroviseur : « Donc c'est un enlèvement ? » Elle a eu son rire de cristal, mais fêlé par de la maladresse, par ce qu'il lui fallait d'effort pour planquer la douleur. Puis quand le rire s'est éteint, et que la crise est un peu retombée, de son fameux air pensif : « C'est bizarre de rouler en ne voyant que le ciel. » C'est vrai que telle qu'elle était positionnée, elle pouvait attraper à travers la vitre du toit ouvrant les nuages pommelés somptueux que nous croisions parfois, mais rien du paysage. Enfin, mais après du silence seulement, et comme une conclusion qu'elle avait mûrement réfléchie : « Tu crois qu'on pourrait s'arrêter un moment ? Si tu pouvais m'aider… je voudrais marcher un peu… je veux dire, faire quelques pas. »

Elle en rêvait depuis des jours. La nuit qui avait précédé la greffe, au cours de cette longue attente, de ce face-à-face les yeux ouverts avec l'étendue de sa douleur, elle s'était dit pour se donner courage : Dans une semaine, ou deux semaines, je pourrai faire quelques pas. Et même si alors elle pensait que ce serait sur deux jambes, sans béquille ni épaule sur quoi elle devrait prendre appui, rien à l'instant présent ne pouvait lui faire plus plaisir.

Comme j'avais besoin d'une pause moi aussi, ne serait-ce que pour m'étirer et pour ne pas que ma vigilance se relâche, je lui ai dit d'accord. J'ai attendu, simplement, que se présente une aire d'autoroute où je ne trouverais que des toilettes et des tables de bois ou de béton, pas les regards que jettent sur vous de haut en bas les caméras dans les stations-service, ou les serveuses dans les cafétérias, ces regards détachés, et neutres, qui ne pensent pas à mal, qui ne pensent en fait à rien, ou en tout cas à rien qui vous concerne, mais qui en moins de temps qu'il n'en faut pour le dire peuvent tout à fait se transformer en regards de témoins.

Sur le parking de l'aire de repos, il n'y avait pas d'autre voiture. Tout en me garant, puis en descendant ouvrir à Iris, ces mots me sont restés en tête : aire de repos. Et de temps à autre – je me suis dit – même au plus fort de la bataille, nous trouverons un abri, et nous nous reposerons.

Il y avait quelques arbres. Plantés rationnellement, mais quelques arbres tout de même. Une pelouse montait en pente douce jusqu'au faîte d'une colline où la silhouette d'un banc se détachait dans la lumière. Iris m'a pointé cela du doigt, bien sûr, et nous avons entrepris l'ascension, clopin-clopant, son bras passé autour de mon épaule. Elle avait vingt-cinq ans, et nous allions aussi lentement qu'on va avec les vieilles personnes ou avec les enfants. En dépit de moi-même, de mes bonnes résolutions, de tout, je regardais dans l'herbe l'empreinte que laissait son pied nu.

De là-haut – les larmes lui en sont venues aux yeux – cela dévalait jusqu'à un petit lac dont les eaux miroitaient. C'était beaucoup plus beau que ce à quoi je me serais attendu. Au loin, à notre gauche, sur le sommet d'une butte, il y avait un château en ruine – de ceux qu'on assiège longtemps, autour desquels on tourne en quête d'une idée ou d'une brèche au risque de se prendre un carreau d'arbalète en travers de la gorge. Les berges du lac étaient plantées d'ajoncs, d'un saule pleureur, il n'y manquait que les canards, les cygnes tout en cou, les hérons tout en pattes qu'on voit sur les estampes et les tableaux anciens. Et la colline entière, sur ce versant exposé au sud, était semée de jonquilles élancées et fragiles, d'une abondance de jonquilles comme j'en ai rarement vu, engagées avec le soleil dans un dialogue qui ne voulait pas d'intermédiaire.

Iris s'est assise parmi elles. Bientôt, elle aussi a tourné vers le soleil son visage aux cernes marqués, au teint fuligineux, comme s'il avait le pouvoir de la régénérer. J'ai regardé tout cela. Si ce jour a cela aussi à offrir… Il paraissait écrit qu'il ne serait pas que le jour d'une libération, mais celui des retrouvailles avec le printemps de la nature, plus impulsif et large que le printemps des villes. Et cet instant, je me suis dit, s'il pouvait durer un peu plus que ne durent les instants…

Mille kilomètres, ai-je réfléchi en m'asseyant tout à côté d'Iris. C'était long pour une seule journée ; nous n'allions pas y arriver. Je respirais de mon autre souffle, je regardais au loin les collines. Qu'est-ce qui nous empêchait, en somme, de trouver un coin tranquille où faire étape une nuit ? J'ai attendu un peu que cette idée fasse son chemin, se confirme dans mon esprit. Puis je me suis tourné vers Iris : je lui ai dit que si elle ne se sentait pas trop mal, nous avions le temps, nous allions prendre par les petites routes. Sa tête posée sur mon épaule a un peu acquiescé. Je l'ai sentie, ensuite, saisie de ce frisson réflexe qu'on a quand on s'endort. D'ailleurs, mes yeux aussi se fermaient. Si je voulais tenir jusqu'à ce soir, où que la journée nous mène, il était peut-être bien, il n'était pas déraisonnable de s'accorder un instant dans ce soleil.

C'est pour cela peut-être – parce que nous glissions tous les deux sur la pente insensible du rêve – que ni l'un ni l'autre nous ne les avons entendus venir. Ils étaient là. Trois de mes semblables, derrière nous, immobiles. Je me suis retourné, j'ai bondi sur mes pieds, mais comme je me tenais plus bas dans la pente, ils sont restés beaucoup plus grands que je ne l'étais, dressés au-dessus de nos têtes, aussi démesurés que les colonnes de la loi.

Je n'ai pas mis longtemps à les reconnaître. C'étaient

les trois rôdeurs que j'avais vus chez les faussaires, ceux qui, une demi-heure après la descente de police, étaient passés pour voir ce qui restait à se mettre sous la dent. Ils portaient, comme alors, des imperméables beiges trop larges et très élimés par endroits. Le moustachu se tenait un peu en retrait, comme à la tête d'un triangle aplati. C'est lui qui nous a salués, en y mettant les formes, et nous a annoncé qu'ils étaient de la police. Lorsqu'il parlait, ses lèvres minces s'ouvraient à peine sous l'épaisseur de sa moustache. Dans ses yeux de chien battu, creusés au fond d'orbites grisâtres, il y avait une lueur humide qui n'osait pas bouger. Pour confirmer ses dires, il a déplié dans sa paume une carte à deux battants, dans un geste dont la rapidité pouvait tenir d'une habitude lassante aussi bien que d'une volonté de dissimulation. Après nous avoir montré ce talisman, dont l'éclat était trop soutenu pour qu'on le fasse miroiter plus d'une demi-seconde, il a affirmé, sur le ton naturel dont on réclame un échange de bons procédés, qu'il désirait voir nos papiers.

Dans mes pensées, cela s'est mis à tourner, à une vitesse qui me faisait mal mais qui n'était pas suffisante. J'ai jeté un coup d'œil à Iris, appuyée des poignets sur l'herbe comme si elle essayait de se mettre debout mais n'y arrivait pas, et dont le visage crispé paraissait minuscule. Nous ne pouvions pas partir en courant. Je ne voyais pas d'autre solution que de gagner du temps en comprenant qui ils étaient, ce qu'ils voulaient, à quel prix peut-être on pouvait les acheter.

Pour quelle raison, ce contrôle ? ai-je commencé par demander en me disant que ça ne coûtait rien. « Formalité », a fait le moustachu avec un arrondi de la main. « Prudence. » Il y avait dans ma voiture des couvertures, des sangles. C'était tout de même embarrassant. Qu'est-ce qui leur prouvait que cette femme m'appartenait, que je n'étais pas en train de l'enlever ? J'ai entamé une phrase, mais celui de gauche, qui maintenait constamment la tête penchée, peut-être parce qu'il croyait que seuls des regards obliques seraient assez pénétrants pour me percer à jour, m'a coupé d'une voix doucereuse : « Tout d'abord vos papiers, si ça ne vous dérange pas. Nous discuterons après. »

Je les avais laissés dans la voiture. Ils m'ont dit d'aller les chercher, mais comme je ne voulais pas qu'Iris reste toute seule, je n'ai pas vu d'autre moyen que de leur tendre la clé. Le troisième, qui ne disait rien mais se raclait toutes les dix secondes la gorge comme s'il s'apprêtait à parler, s'en est saisi et a descendu la colline avec une lenteur indolente. La brise faisait battre autour de lui les pans de son manteau.

Quand il est revenu, toussant, crachant à la manière de quelqu'un qui vient de se livrer à un effort considérable, ils se sont passé mes papiers, et ceux de la voiture que Léo Ostias avait fait louer à mon nom, et ils les ont regardés attentivement à tour de rôle, comme si un seul contrôle pouvait s'avérer défaillant, ou qu'ils tenaient en tout à l'unanimité. « Évidemment, m'a intimé le moustachu après cet examen, il va falloir nous expliquer ce que vous faites là. » La comédie minuscule de ces gestes, cette phrase de pure relance montraient assez qu'ils ne se souciaient pas de se trahir. S'ils avaient fait partie de la police comme ils le prétendaient, ils auraient interrogé leur base de données pour savoir d'où venait la voiture, sorti l'appareil qui leur aurait permis de lire le bracelet d'Iris et de consulter en une minute son dossier médical, tiré parti en somme de leurs instruments de travail et rendu par là même leur demande d'explications largement superflue. Autant dire qu'en réalité, l'interrogatoire valait par lui-même : j'avais le mauvais pressentiment que mes réponses seraient indifférentes, que c'était un jeu qu'ils proposaient pour profiter de leur proie maintenant qu'ils la tenaient.

Tant qu'elle était dicible, malgré tout, je ne voyais rien de plus prudent que la vérité. Si les questions se succédaient, elle m'éviterait au moins de tomber dans des contradictions. J'ai dit que ma compagne venait de subir une opération, que nous allions au soleil pour qu'elle puisse se reposer. Ils ont opiné du chef de concert. C'est vrai que le soleil, le Sud, il n'y avait pas à dire, c'était reposant. Eux-mêmes, d'ailleurs, s'il n'avait tenu qu'à eux... « Néanmoins », a fait la tête penchée. « Néanmoins », ont répété les deux autres à sa suite, en accentuant le mot de telle sorte que pour un moment il suffisait. La tête penchée m'a lancé un sourire qui a relevé sa lèvre supérieure et dévoilé quelques-unes de ses dents, une incisive à droite, une canine bombée à gauche, peut-être d'autant plus saillantes que les dents qui les entouraient étaient pourries ou manquaient à l'appel. « Je ne suis pas absolument certain que nous puissions vous laisser poursuivre, a-t-il repris après le silence. Nous allons voir, en fait. Nous allons voir. »

Et il est descendu de quelques mètres, s'est accroupi auprès d'Iris, a avancé ses mains pour défaire son bandage. Alors qu'elle essayait de se dérober, de le repousser, il lui a bloqué les poignets d'une main sans le moindre effort, a rabattu ses jambes à terre en les écrasant du genou. « Arrêtez ça, lui ai-je lancé. Vous allez lui faire mal. » Il s'est interrompu, a levé sur moi des yeux faussement surpris. « Mais non, mais non », a-t-il tempéré du ton dont on balaie les appréhensions sans fondement. « Il faut bien que nous puissions nous rendre compte par nous-mêmes. » Et il a entrepris de défaire le bandage, en le déroulant avec des gestes dont la lenteur et la délicatesse extrêmes participaient (il devait attacher de l'importance à ce que cela soit clair pour moi) de la même comédie. « Eh bien... a-t-il lâché quand il a eu fini. Effectivement. Ce n'est pas joli joli. » Et les deux autres d'un seul mouvement ont allongé le cou, comme des internes au bloc se penchent sur le fragment de corps que les draps laissent à découvert afin de constater par eux-mêmes quel désastre organique suscite, dans la bouche du patron, ces commentaires qu'il euphémise méthodiquement pour montrer qu'il en a vu d'autres.

Devant la jambe amputée, le moustachu s'est assombri ; il s'est mis à secouer légèrement le visage de gauche à droite, en produisant les claquements de langue ténus de la réprobation. Est-ce qu'il était bien raisonnable de la faire voyager dans cet état ? Est-ce qu'elle n'aurait pas dû, d'abord, récupérer un peu – ou mérité, si vraiment rien ne pouvait me convaincre de la laisser tranquille, de voyager du moins dans un véhicule adapté, je ne sais pas, moi, quelque chose comme une ambulance, plutôt que balancée comme le cadavre d'un meurtre sans préméditation sur une banquette arrière ? « Quelle tension, avec ça ? » s'est interrogé celui à la tête penchée. Il a posé deux de ses doigts fuselés sur le poignet d'Iris, s'est mis à compter avec, pour ne pas perdre le compte en route, d'infimes ondulations de menton, le regard flottant vers les berges du lac, méditatif. Et au terme de cet examen, comme s'il venait d'entrer en possession du dernier élément qui lui manquait pour délivrer son diagnostic, ou comme frappé d'une illumination, il m'a fixé des yeux, accusateur, abrupt : « Foutue. Vous voyez bien qu'elle est foutue, enfin. Pourquoi est-ce que vous ne la faites pas piquer ? »

Alors les vrais ennuis ont commencé. J'ai senti mes mains m'échapper, reprises par le tremblement. Mes douleurs d'oreille interne familières se sont rappelées à moi. J'ai décidé en dépit de tout de continuer sur ma ligne, de dire qu'il restait un espoir, que les greffes étaient délicates, c'est vrai, mais que nous allions dans le Sud prendre l'avis de quelqu'un qui en maîtrisait bien la technique. Mais avant que j'aie eu le temps de mettre au point cette phrase, le racleur de gorge a décidé qu'il avait le droit tout compte fait de prendre la parole lui aussi : « C'est étrange, je dirais. Vous ressemblez à ce député, non pas ce député, ce... type hier, qu'on voyait aux informations. Mais ça ne doit pas être vous, j'imagine bien. Qu'est-ce que vous feriez là ? »

Je les ai observés de nouveau. J'ai traqué leur identité puisqu'ils me faisaient comprendre qu'ils connaissaient la mienne. En dessous de leurs imperméables, ils portaient (je n'avais pas remarqué jusqu'alors) des baskets aux semelles un peu décollées, zébrées de bandes de couleurs que les frottements avaient rendues pastel.

Face à leurs trois visages qui se trouvaient envahis par des signes de perplexité, j'ai voulu casser le rythme. « Vous n'êtes pas plus policiers que moi », ai-je lancé pour leur signifier que ça n'allait pas se passer comme ça. Ils se sont regardés. « Non ? a fait le moustachu, d'un ton qui se voulait sincèrement interrogatif. Je ne sais pas ce qui vous fait dire ça. » Puis après un long blanc, comme réfléchissant à voix haute : « En tout cas... nous faisons partie des forces qui maintiennent l'ordre. » Il a marqué encore un temps d'arrêt, puis s'est engagé plus avant, de la voix un peu émue dont on prononce une sorte de credo auquel on aime revenir, mais que pour autant on ne confiera qu'à ceux qui semblent capables de le prendre au sérieux : « Il y a les animaux ; les hommes ; et nous. Et si chacun, déjà, pouvait ne serait-ce que rester à sa place... Je ne sais pas, moi. Ça paraît pourtant simple. Est-ce que c'est trop demander ? »

À ces mots, mais sans que ça ait de rapport direct, le soleil a percé les nuages qui le masquaient depuis un moment. Un peu éblouis tous les trois, ils ont cligné des yeux. Je me suis dit que si le phénomène se reproduisait, d'ici quelques minutes, ce petit cycle, éclipse et fin d'éclipse, je pourrais peut-être profiter de cette diversion minuscule pour passer à l'action. En attendant, je gardais les bras le long du corps, j'essayais de reprendre contact avec mon autre souffle, et je réfléchissais à m'en cramer tous les neurones. Le moustachu s'est approché d'Iris, que le démon à la tête penchée maintenait toujours à terre, il a murmuré de nouveau, pour mieux se pénétrer de cette idée, *ne serait-ce que rester à sa place*, et il s'est employé à lui tâter les bras, les deux épaules, les cuisses, comme par désœuvrement, ou bien juste pour voir. Elle frissonnait de dégoût, mais il ne la regardait pas, ses yeux restaient sur moi. Et au bout d'une minute, tout son visage s'est éclairé : « Ah mais je sais. Je sais. » Se tournant vers ses acolytes : « Ce n'est pas ce que nous croyons. Fausse route… » Puis de nouveau vers moi : « En fait, tu t'es dit qu'à cela ne tienne, hein. Tu t'es dit foutu pour foutu… n'est-ce pas ? Tu voulais te la garder pour toi. Parce que ça reste tout de même un joli petit lot. Ce qu'on appelle un joli morceau. » Et après un silence : « Alors, sans vouloir bouleverser le programme, tu ne verras pas d'inconvénient, j'imagine – je veux dire, vu la situation – à ce qu'on se la partage ? »

Je n'ai pas voulu crier. Je sais qu'une fois qu'on a crié, c'est trop tard pour ne plus crier, le ton ne redescend plus. Je voulais garder tous les possibles devant moi, car j'avais le sentiment qu'il ne m'en restait plus beaucoup.

J'ai dit que c'était une femme de compagnie. Comme ils savaient très bien, les manger est un crime ; c'est puni par la loi ; ça ne se fait pas, c'est tout. Ils m'ont toisé sans réagir. Et comme je les pistais moi aussi, remontant de signe en signe, j'ai fini par apercevoir leurs visages de paumés, j'ai débusqué en eux l'irritation de ceux dont la vie se réduit à presque rien et à qui de plus puissants ou du moins de plus heureux viennent répéter, encore une fois, que ce presque rien est interdit. Qu'est-ce qui leur donnait le loisir de passer leurs journées en maraudes ? Ils n'avaient peut-être plus de boulot depuis longtemps, ou ils venaient de le perdre. Leurs patrons avaient peut-être coupé court à leurs revendications, lorsqu'ils avaient osé se défendre, en menaçant de les remplacer par des hommes. Ils étaient probablement de ceux qui se sentaient dégringoler, et qui avaient besoin de haïr les hommes, de les maltraiter, de les manger surtout, parce que l'écart qui les en séparait ne leur paraissait plus très grand. C'était pour cacher tant bien que mal la profondeur de leur ressentiment qu'ils se replâtraient le visage de poses, multipliaient les phrases bravaches et les marques d'apitoiement moqueur.

« La loi, a noté la tête penchée, tu la convoques quand ça t'arrange. Et le reste du temps : tu la violes. Je dis ça sans offense. Nous aussi on fait ça. Tout le monde fait ça. » Le moustachu a renchéri : « C'est illégal… Une transgression terrible… Paroles, tout ça. C'est là-haut. Ça finasse, ça ergote. Mais quoi qu'ils puissent en dire, tu sais, ça reste de la viande. Peut-être que tu as oublié. Ça ne serait pas grave. Ça revient vite, tu vas voir. La viande est sous la peau. Toute proche. La viande de vie. On tombe tout de suite dessus. » Et pour ne pas, comme là-haut, s'en tenir à de la parlote, il a sorti de son imperméable un grand couteau, en a vérifié le tranchant, l'a saisi par la lame et a tendu le côté du manche vers moi. « Tu devrais essayer. Il n'y a pas d'âge, tu sais, pour se débarrasser des préjugés. » Et il s'est mis à m'expliquer que c'était tout de même de loin la manière la plus simple de sortir de ce que la situation pouvait, il en avait conscience, avoir pour moi de pénible. Oui. Tout pouvait être fini, en un instant. Un passage appuyé de cette lame sur la gorge d'Iris, et tout l'inconfort du voyage, l'avenir repeint en coulées noires, la clandestinité, la peur d'être rattrapé et livré aux mains de la justice, l'existence à cloche-pied que mènent les unijambistes, cette nébuleuse d'angoisses se recouvrant les unes les autres se dissiperait d'un coup. Si j'avais tenu à elle un jour – et ils pouvaient comprendre ça, même si ça n'était pas leur truc – c'était le moins que je lui devais : une belle fin après une belle vie.

Le couteau était là. À quelques centimètres, comme tôt ce matin l'arrêt de mort. Je me suis dit que c'était maintenant. Que c'était peut-être le seul moyen qui subsistait de repousser l'échéance. Que plus tard serait trop tard. J'ai saisi le couteau et je l'ai soupesé, comme si je soupesais en même temps tout ce qu'ils venaient de me dire. J'ai laissé mon visage se décomposer au ralenti, parce que, n'est-ce pas, mes résistances cédaient. Ce n'était pas mon idée, j'ai bafouillé... mais ils avaient raison. Et d'une voix qui cherche en vain à se raffermir : « C'est le mieux... c'est le mieux. » J'ai fait deux pas en direction d'Iris, affronté comme j'ai pu ses yeux écarquillés, puis j'ai fait volte-face et je me suis rué sur le moustachu. Mais avant que je comprenne ce qui avait pu se passer, je me suis retrouvé taclé, fauché, plaqué à terre, les mains croisées dans le dos, avec en face de moi les yeux d'Iris qui s'étaient encore agrandis, et contre mon oreille le frottement d'une moustache trempée de transpiration, et des claquements de langue réprobateurs qui résonnaient sur mes tympans et que je croyais entendre me dire : Non mais vraiment, vraiment. Et que je croyais entendre me dire : Les gens ne savent plus quoi inventer. Et que je croyais entendre me dire : On aura donc tout vu. Puis le moustachu m'a soufflé, d'une voix terriblement réelle : « Donc tu la joues comme ça. Eh bien... Si je m'attendais... C'est généreux de ta part de nous la laisser, finalement. Puisque tu préfères ça. »

À son signal, celui que ses raclements de gorge préposaient aux allers-retours a su ce qu'il lui restait à faire, est sorti de mon champ de vision et a redescendu la colline. J'ai entendu un bruit de coffre qu'on ouvre, et quand il est réapparu, il avait autour de l'épaule des mètres et des mètres de corde, et à la main une mallette de bricolage qui pesait assez lourd pour tirer son bras vers le sol. Il a forcé, avec le grognement que suscitent les fermetures solides, l'ouverture de la mallette, en a déployé les niveaux qui s'étageaient de part et d'autre, a regardé son contenu d'une mine intensément pensive, puis s'est muni d'une scie.

Mon visage s'enfonçait dans l'herbe et dans la terre ; la prise du moustachu me comprimait la cage thoracique et l'air ne passait plus. Mais puisque les scies étaient de sortie, je me suis répété que plus tard serait trop tard, et je leur ai demandé combien il leur fallait pour nous relâcher tous les deux. D'un filet de voix hâtif, j'ai précisé que j'avais eu tort de m'énerver, mais que nous tuer risquait de leur causer des ennuis, et qu'il était mieux pour tout le monde de trouver un arrangement.

Leurs gestes se sont suspendus. Leurs regards ont tenu conciliabule. La réponse a eu beau tarder, laissant flotter sur la colline une sorte de silence-sursis, je me suis rendu compte que je la connaissais d'avance : il était en réalité trop tard pour ce genre de propositions. Maintenant qu'ils s'étaient mis Iris en tête, qu'ils l'avaient vue, avaient palpé les rondeurs de sa chair, il aurait été beaucoup trop douloureux pour eux de consentir à y renoncer – sans parler du déshonneur vague ou de la faiblesse qui auraient paru aller de pair avec une reculade. Le racleur de gorge, de fait, m'a bientôt signifié que je pouvais garder mon argent : le dédommagement qu'il leur aurait fallu, au point où les choses en étaient, je n'en aurais de toute façon jamais eu les moyens.

Lui et le moustachu ont travaillé ensemble à me ligoter : les chevilles, les poignets, les bras dans le dos. Les cordes étaient de celles qu'on utilise en escalade, ou pour sangler des bagages sur le toit d'une voiture, mais d'un diamètre plus fin qui permettait de multiplier les nœuds et de les serrer fort. Chaque fois qu'ils arrivaient à faire entrer la corde dans ma peau, et qu'un nœud leur donnait entière satisfaction, le racleur se munissait de sa scie pour couper les extrémités et passer au chantier suivant.

Cette mission achevée, ils m'ont soulevé comme un paquet, m'ont fait pivoter de quelques degrés, puis reposé toujours à plat ventre, pour qu'en tordant le cou mes yeux tombent sur Iris. Le moustachu s'est approché, et pour la première fois s'est mis à lui parler comme si elle existait. « Mauvais maître, a-t-il lâché entre ses dents. Mauvais maître qui refuse de te laisser mourir avec un peu de dignité. » Il lui a redressé le menton et lui a chuchoté : « Ne t'inquiète pas, ma grande. On ne va pas te laisser dans un état pareil. On va s'occuper de toi. »

Elle a reculé la tête et lui a craché au visage. Du dos de la main, appliqué et très lent, il a essuyé ce crachat de sa joue, comme s'il ne s'était rien passé, ou qu'il avait trouvé depuis longtemps des manières de réagir aux humiliations qui lui procuraient des gratifications de beaucoup supérieures à celles de la colère immédiate.

Ils l'ont ligotée elle aussi, aux poignets, aux genoux. Puis celui à la tête penchée a saisi une pince dans la mallette de bricolage. C'est – a-t-il annoncé – que le moment était venu de la libérer. Ils se voyaient contraints de me déposséder d'un bien dont je faisais si mauvais usage. Ouvrant la mâchoire de la pince, il l'a placée autour du bracelet fixé à la cheville droite d'Iris, l'a refermée, a détaché le bracelet de quelques millimètres de sa peau, puis a commencé à le scier à la scie métallique. Ils étaient conçus, ces bracelets, pour résister à presque tout, et il lui a fallu quelques très longues minutes.

Quand il a pu le lui enlever, enfin, il s'est redressé avec un sourire de bonheur. Il l'a passé autour de son index et l'a fait tournoyer en regardant le soleil. Le bracelet que j'avais fait fabriquer en tombant de nuit blanche en nuit blanche. Que j'avais eu tant de mal à obtenir de Léo Ostias. Qui indiquait qu'Iris était une femme de compagnie. Qui permettait, quand le réseau fonctionnait, de la localiser. Puis il a pris de l'élan et il a projeté le bracelet dans les airs, loin, très loin, et je l'ai vu tomber dans l'eau du lac, s'y engloutir en une seconde, faire apparaître, quelques petites secondes de plus, d'autres anneaux concentriques qui en ont ridé la surface, avant qu'il ne coule à fond, que ces vaguelettes ne s'atténuent, ne s'arrêtent, que la surface ne redevienne unie, qu'il n'en reste plus trace.

Ils sont revenus s'occuper de moi. Ils m'ont redressé, m'ont bâillonné avec un chiffon gras, barré le visage de ruban adhésif, traîné jusqu'à l'arbre le plus proche, un cerisier dont les fleurs éclataient, et m'ont ligoté à son tronc, face au lac, au sud, au soleil en personne, pour qu'on ne me voie pas du parking en contrebas.

Ils sont retournés à Iris. Je tordais le cou pour voir encore, c'était plus fort que moi. Ils ont voulu la bâillonner aussi. Comme elle se défendait, mordait, et criait des cris insoutenables, parce qu'elle sentait que c'était la dernière fois, et qu'il n'y avait rien pour la retenir, aucun espoir, aucune limite, le démon à la tête penchée a appuyé le couteau sur sa gorge. « Si tu te débats, ma grande, on en finit tout de suite. » Et il a appuyé plus fort, pour qu'elle comprenne qu'il ne plaisantait pas : « Je préfère ne pas foutre de sang partout maintenant, mais s'il n'y a que ça pour te calmer crois-moi qu'on te calmera. »

Quand ils ont eu fini le bâillon, c'est le racleur de gorge qui l'a chargée sur son épaule, les jambes devant, la tête ballottant dans son dos. Ligoté comme j'étais, je voyais encore son corps agité de convulsions, mais déjà plus rien de son visage sous la masse de ses cheveux. Je tirais sur les cordes pour me désentraver, et les cordes ne bougeaient pas. Je plissais les yeux pour lire leur plaque d'immatriculation, mais leur voiture était beaucoup trop loin, et puis ma vue était brouillée : des larmes coulaient, idiotes, qui ne servaient à rien. Je ne voyais plus que leurs silhouettes tremblées qui rapetissaient dans la pente. Comme elle se débattait, encore, encore, l'un d'eux a saisi une matraque et lui a assené un grand coup sur le crâne. Iris. J'ai vu sa tête tomber. Ils lui ont replié les jambes, l'ont balancée dans le coffre qu'ils ont refermé d'un geste sec, sont montés tous les trois, ont claqué toutes les portes. Et ils ont démarré. Et ils ont disparu.

J'ai été libéré – quand ? peut-être une heure, une heure et demie plus tard – par un couple qui s'est arrêté et qui a monté la colline pour voir comment c'était, ce qu'il y avait, de l'autre côté. Le lac était toujours là, le soleil existait encore – moi plus vraiment.

Lorsque j'ai murmuré que j'avais été agressé, avec une honte inépuisable, ils m'ont proposé de m'emmener voir la police pour que je puisse porter plainte. Leurs mots ont eu besoin d'un certain temps pour parvenir à mon cerveau. Je me suis mis à masser mes poignets cisaillés, puis mes pommettes, mon front, mes tempes, les quatre cartilages de mon nez, dans l'espoir que cela me donne la force de réfléchir encore un peu. Est-ce qu'il fallait faire ça ? Ou se lancer à leur poursuite ? Je me suis dit Malo, essaie un chemin puis l'autre : fais-le dans tes pensées. Si je les traquais moi-même… je n'avais aucun moyen de savoir dans quel sens ils étaient partis. Beaucoup trop de temps était passé, ils devaient déjà être loin. La direction que je prendrais d'instinct m'éloignerait presque à coup sûr du but, ne me mènerait nulle part. Et si, de l'autre côté, je déclarais l'enlèvement… alors les policiers, avant de m'aider, de barrer les routes, de lancer une battue – c'était triste à avouer, mais c'est comme ça que les choses étaient –, consulteraient le fichier, feraient le lien avec l'évasion que l'hôpital avait dû signaler et me mettraient aussitôt en état d'arrestation, puisque j'étais, dans cette affaire, coupable avant d'être victime. Ils ne se donneraient pas la peine de rechercher Iris, puisqu'elle était infirme et promise à la mort. Et quand bien même, d'ailleurs, par acquit de conscience ou par haine des rôdeurs, ils se lanceraient sur la piste et arriveraient à la retrouver, ce ne pourrait être que pour faire rentrer tout ce monde dans le droit chemin, pour suivre la procédure et lui faire l'injection qui n'avait pas eu lieu.

Non. Il n'y avait plus d'issue. Sésame, salut, secours, tout s'était refermé. Ils continuaient à me parler, tantôt elle, tantôt lui, avec une gentillesse légèrement apeurée. Je voyais leurs lèvres former des mots que je n'entendais pas. Leurs mains qui s'agitaient, absurdes, toutes floues devant mes yeux. À un moment, j'ai senti que ça pinçait, que ça serrait très fort. J'ai eu un coup au cœur, je me suis effondré. D'abord, j'ai cru à une attaque. J'étais allongé sur le dos, errant dans le ciel immense où les nuages avaient pour la plupart perdu leur blanc charnu de la matinée pour glisser au gris-bleu. Et à ce moment précis, j'ai vu – j'ai vu comme je vous parle – la silhouette d'un oiseau passer au-dessus de ma tête. Il prenait de la hauteur, il montait vers le soleil, et quand il a survolé la colline, et mon corps allongé, et le lac en contrebas, il s'est relancé d'un battement d'ailes avant de disparaître dans la masse des nuages. J'ai vu cela qu'il n'était pas possible de voir. Il n'y a pas d'oiseaux dans ce monde, puisque nous les avons tués. Ça ne pouvait pas être ça. Bien sûr que non. Ce n'était pas un oiseau. Pas un miracle. Un signe pour moi, seulement. Et quand j'ai réfléchi, j'ai su ce que le signe voulait. J'ai su qu'Iris venait de mourir. Ça m'est entré en tête comme quelque chose d'irréfutable. Et tout s'est arrêté d'un coup. Tout est devenu gris. J'ai demandé d'une voix brisée, en pointant le ciel : « Vous avez vu ? » Ils ne comprenaient pas. Ils m'ont relevé, m'ont assis sur le banc et sont allés me chercher de l'eau. À travers mes cils embués, je regardais les arbres qui saluent le vent, les murets de pierre autour des vieilles maisons, toute la succession des collines. Et elles étaient si belles. Je lui avais montré les collines, tout à l'heure. Je lui avais parlé des collines. Je lui avais dit, si tu ne te sens pas trop mal, nous avons le temps, tu sais : nous allons prendre par les petites routes. C'était la dernière chose que je lui avais dite.

Nuit, maintenant. Au-dessus de moi, autour de moi, en moi. La lune et les étoiles sont là, mais elles n'éclairent plus rien. Toutes les heures de l'après-midi, je les ai passées vagabondant dans la campagne, comme un fou, un aveugle, un fantôme qui ne trouve pas le repos. Je tournais en voiture (ils en avaient, ironiquement, laissé la clé sur le contact), je guettais partout les traces de freins de gens qui sont pressés, une traînée de sang sur l'asphalte, des branches cassées ou des épis ployés qui indiqueraient une lutte, les restes d'un corps brûlé ou désossé. Il n'y avait rien de tel. La campagne était là et ne signifiait rien. J'ai roulé en pleurant, encore, encore, en cercles de plus en plus larges, pour ne pas pouvoir me dire, ni maintenant ni un jour – car il viendrait des jours – que je n'avais pas tout tenté. Le crépuscule est arrivé, l'heure entre chien et loup, et une averse brutale a essoré le ciel. Je crois que ça s'est radouci, ensuite, mais le froid entré en moi était définitif. Je n'ai pas eu le courage de poursuivre vers le sud, ni même d'appeler Yanis pour lui dire ce qui s'était passé.

Au bout d'un moment, parce qu'il fallait faire quelque chose, j'ai obliqué vers l'ouest, vers ma maison de campagne. J'ai roulé sur des terres dont on ne voyait plus rien, qui ne semblaient peuplées que par les noms des lieux-dits. Quand je suis arrivé dans le village, au bout de la route très peu frayée, la nuit était complète. Les chiens, dans les jardins, se sont donné la réplique pour répandre la nouvelle. J'ai monté le perron, déverrouillé, poussé les serpillières que nous plaçons l'hiver au pied des portes pour ne pas que la pluie entre, allumé l'eau et le gaz. Dans les placards de la cuisine, il n'y avait que du riz, des lentilles, des pots de confiture vides. Le sucre en poudre avait durci.

Assis à la table du jardin, qui sortait de son hiver couverte de feuilles mortes et d'aiguilles de pin sèches, j'ai essayé de me forcer à manger, mais ça ne passait pas. Dans mes pensées, ça répétait sans cesse que c'était le premier repas que je prenais depuis sa mort, que chacun de mes gestes m'éloignait d'elle, prouvait que j'étais encore en vie, l'enfonçait un peu plus dans ce qui devenait le passé. Ce fossé-là, froid et immatériel, il nous séparerait dorénavant bien plus que toutes les autres choses qui avaient pu nous séparer.

En moi, une voix disait : Malo, Malo : tu as fait ce que tu as pu. Et une autre plus sombre, qui remontait d'un endroit où l'avenir est écrit : Tu la sauveras une fois, Malo, deux fois peut-être – pas trois. Et une autre voix encore, qui n'avait plus de croyances et regardait de plus loin : Sauver ce n'est pas sauver, de toute façon : c'est prolonger le sursis.

Les arbres bruissaient autour de moi. La nuit était stellaire. Sans les lumières et les fumées des villes, on voyait s'étaler un grand pan de Voie lactée, on pouvait retracer une partie de notre périple. C'est pour cela, aussi, que j'aime venir ici. Un peu de calme m'a gagné. Une tristesse plus douce. Je me suis dit : Au moins elle a vécu. Elle a connu la vie, jour après jour, onze ans. Elle a eu cette chance que nous refusons aux hommes perclus de fatigue dans leurs dortoirs d'usine, ou les mains agrippées aux grilles de leurs cellules. Elle aura pu être celle qui bondit volontaire hors du rang des victimes, repousse la mort banale, se soustrait au nombre de ces corps qu'on aligne par milliers, reçoit un nom et le mérite. Iris – et à nulle autre pareille. Elle aura, j'ai murmuré, couru dans ce jardin, elle y aura été heureuse.

Je me suis levé, j'ai marché à pas lents, à sa suite, dans les épaisseurs d'ombre, guidé seulement par l'habitude et par le noir plus noir des haies et des fourrés sur la cendre de la nuit. Le dos cassé en deux, trop grand comme tendent à l'être et les adultes et les démons, je me suis faufilé dans le taillis où elle avait, avec Yanis, fortifié sa cabane. J'ai fait silence. Je l'ai regardée régner là, discrète et protégée. Ensuite, je suis allé rendre visite, près de la petite porte de derrière, au pin où elle grimpait avec son carnet à croquis pour dessiner le village d'en haut ou s'approcher des chats sauvages. J'ai fait silence. Je l'ai observée, assise en amazone sur une des plus grosses branches, les jambes griffées et vertes de résine.

À respirer comme le jardin, à partager sa vie nocturne, j'ai senti que je commençais à retrouver mon autre souffle. Je suis rentré dans la maison pour chercher du papier. En faisant coulisser, les uns après les autres, les tiroirs du buffet, je suis tombé sur des jeux de cartes, de vieux bougeoirs ternis, et sur ces cahiers d'écolier qu'utilisait ma mère, les jours de pluie, pour faire écrire Yanis et dessiner Iris. J'en ai pris quelques-uns, de ces cahiers venus du monde ancien, je suis sorti les poser sur la table de la terrasse, puis je suis rentré de nouveau. Les marches ont grincé sous mes pas, imprévisibles jusqu'au grenier.

Derrière les portes, tout était encore en l'état. Les objets m'attendaient, eux qui durent plus longtemps, non pas seulement tels que je les avais laissés lors de mon dernier séjour, mais tels que les avaient laissés les hommes à qui appartenait cette maison avant que mes parents ne la récupèrent : les lits au sommier de bois tendus de toiles d'araignées ; aux murs, les portraits noir et blanc dont les regards éternels faisaient peur à Iris ; le vélo au cadre plein de rouille appuyé aux planches peintes du théâtre de marionnettes, et sous sa housse, mieux protégé du temps, et pas si vieux en fait, le télescope que mon père avait acheté quand nous lui avions dit que Saskia était enceinte, et qu'il avait bien dû nous annoncer, en retour, qu'il n'en avait plus pour longtemps et ne connaîtrait pas Yanis.

Il faisait pâle figure, ce télescope, à côté de celui qu'abritait l'observatoire à cinquante kilomètres de là, mais nous aimions tout de même beaucoup l'utiliser. En le descendant, palier après palier, le tube du réfracteur appuyé sur ma hanche, j'ai revu les nuits d'août. Quand les moissons battaient leur plein dans tout le pays alentour, et que notre feu de joie montait dans le ciel à l'heure où la chaleur commençait à retomber.

Ma mère avait cette manie pyromane, à chercher des branches mortes, partout, à élaguer les haies, pour le nourrir encore, pour voir ses flammes s'élever, danser, changer à chaque seconde de forme. Mais dès que venait le crépuscule, comme mon père avant moi, je lui disais d'arrêter, de laisser à la fumée le temps de se dissiper. Nous rentrions dîner pendant que le feu mourait. Et une fois la nuit installée, autour de ses cendres tièdes, nous formions le cercle des chaises longues et guettions les étoiles filantes. Yanis dans ses pensées, imperturbable ; Iris plus impatiente. Elle se glissait à côté de moi. Elle m'entraînait dans une série de questions. Comme elle avait encore un peu de difficulté à s'orienter dans le ciel, elle voulait que je l'aide à se servir du télescope, que je lui dise où regarder, comment chercher. Parfois, elle me demandait vers quelle planète je lui conseillerais de faire cap, quand elle serait prête pour un voyage. Je lui disais que ça n'allait pas, que c'était trop loin. J'essayais de lui faire comprendre, sans aggraver sa déception, que la vie humaine était trop brève pour ça ; qu'il fallait, pour partir dans l'espace en ayant le moindre espoir de ne pas mourir en cours de route, d'arriver quelque part, au moins notre longévité à nous. Mais j'avais beau lui expliquer d'une voix où s'entendait je crois tout mon amour pour elle, elle me fixait, ensuite, comme si ce que je lui disais faisait terriblement mal.

Nuit, maintenant, nuit. J'ai installé le télescope sur la terrasse, je l'ai réglé pour plus tard, je me suis assis de nouveau. Dans ces cahiers jaunis, si démodés, j'ai trouvé des croquis d'Iris ; cette écriture en pattes de mouche que Yanis a encore ; et dans l'un des plus vieux, plusieurs pages d'affilée où c'est moi-même, enfant, qui me suis entraîné à faire ma signature. Malo, Malo, Malo Claeys, qui pouvait prendre toutes les formes encore, vivre toutes les vies, et dont je ne pouvais pas me douter qu'il serait un jour aussi seul. J'ai feuilleté celui-là jusqu'à trouver quelques pages blanches, et je me suis mis à écrire. J'ai raconté les derniers événements, en me forçant à dire les choses telles qu'elles s'étaient passées, pour qu'elles ne connaissent pas dans ma mémoire de prescription ou d'oubli.

Ensuite, tard dans la nuit, dans le halo précis de la lanterne, dans le halo diffus de la lune, j'en suis venu à écrire ces mots. J'ai écrit le mot : défaite. Mais ce n'était pas la mienne seulement. Que nous le voulions ou non, nous y étions tous embarqués. Les rares personnes qui marquent un temps d'arrêt, qui font demi-tour ou décident de changer de chemin alors que tous ou presque jouent des coudes pour tenir la cadence, alors que tous ou presque font en sorte d'oublier la catastrophe que la course fait grandir là-bas, et se ruent dans cette catastrophe qui ne recule pas comme l'horizon, évidemment que ces personnes-là se font d'abord malmener dans leur marche à contre-courant.

J'ai répété, sur la même feuille : défaite. Et puis plus bas – Malo Claeys, persiste et signe : défaite. Mais elle dépassait de loin la mienne. Elle était générale. Maintenant que je n'ai plus de plaisir à dominer, que j'en éprouve même une forme de honte, je me rends compte que j'ai trop longtemps laissé cette passion-là me tenir. Quand je repense aux débats d'hier… nous ne pouvons plus nous dire meilleurs que les hommes ou supérieurs à eux, puisque nous les avons suivis avec docilité dans leurs erreurs les plus monumentales. Et comme notre histoire paraît destinée à répéter la leur, c'est à se demander s'il n'y a pas là quelque chose comme une loi, furtive peut-être, mais difficile à contourner. On pourrait dire : qui veut être le maître se perd ; qui veut par-dessus tout compter au nombre des possesseurs ne se maintiendra qu'en dépossédant tous les jours tous les autres.

Moi qui pensais, de ce côté-là, m'être mis un peu à l'abri, je crois que je dois m'inclure dans le lot. J'ai gâché ma vie dans l'orgueil. J'ai mis trop d'années à sentir que leur émancipation était notre tâche à tous – que cette violence était aussi insoutenable que les autres. Ce combat, j'aurais dû l'entamer depuis déjà longtemps. Ne pas attendre les blessures, le grand coup sur le crâne, le corps jeté dans le coffre, la ronde insomniaque des fantômes. Je m'y engage alors que je n'ai presque plus de forces, et qu'il me semble aussi impossible de le mener que tout à fait impossible de rester sans rien faire.

Les arbres bruissent autour de moi. J'écoute la vie que le vent leur fait, cette musique sans paroles, leur calme. Je continue d'écrire. Puisque j'en ai ressenti le besoin, au fil de ces derniers jours, et que l'histoire est là, il faut aller au bout et accepter de l'achever. Je me suis demandé, tout à l'heure, pour qui je l'écrivais. Je me suis rendu compte que ce n'était pas pour moi. Que ce n'était pas pour Iris, qui ne la lirait jamais. J'ai réfléchi – et j'ai pensé à toi.

Yanis. Bien sûr que j'ai pensé à toi. Peut-être parce que je te devais des comptes, ou parce que moi j'étais fini. J'ai collé bout à bout toutes mes images de toi, du petit garçon qui dessinait les cartes des océans à l'adulte qui les étudie. Et je me suis dit… Quand tu étais petit, Yanis, un petit garçon vraiment, ce qu'on attendait d'un enfant était qu'il reconnaisse les animaux dans des livres d'images, qu'il découvre l'étendue du monde en connaissant leurs noms, les bruits qu'ils font, qu'il grandisse protégé par le bestiaire des fables, et que parallèlement il se mette à manger tout ce qu'on élève sur terre, tout ce qui nage dans les mers, pour qu'entre dans sa tête, un petit peu plus chaque jour et un peu plus à chaque bouchée, comme si c'était chose naturelle, l'idée de notre domination.

Mais quand viendra ton tour… peut-être que tu

élèveras un enfant avec le but bien différent qu'il apprenne à se nourrir sans épuiser la terre ni faire souffrir inutilement. Enfin. Je dis cela. Il est loin, ce monde-là. Il relève de ce type d'espoir que l'on appelle des rêves, certaines personnes pour les disqualifier, d'autres pour montrer qu'elles ne sont pas naïves et savent que nous n'arriverons pas là du jour au lendemain. Mais tout de même. J'espère que ta génération fera mieux. Que vous saurez forger une autre sensibilité, construire une sorte de communauté avec les autres vivants de cette terre. Cela va être si difficile. Nous partons de si loin. Nous vous laissons un tel désastre.

Les arbres bruissent autour de moi. Les trois platanes robustes, les hêtres qu'il est temps d'élaguer, le sapin bleu que j'ai planté à ta naissance. Non, en fait, non. Un piège, encore un piège. Je ne peux pas te dire ça. Car on espère toujours que les suivants feront mieux – pour ne pas céder à l'amertume qui nous étreint à voir le sort qu'elles ont connu, toutes ces belles entreprises où nous avons nous-mêmes jeté nos forces –, on espère toujours cela, et on est presque toujours déçus. Je ne peux pas mettre ce poids sur tes épaules parce qu'Iris est partie et que je le trouve trop lourd. On ne confie pas de combats aux autres. Ceux dont on sent qu'ils nous animent, on les reprend, on les poursuit, on ne capitule pas. Je vais essayer, désormais, de ne plus compter au nombre des attentistes, des spectateurs, des trop confiants, mais de grossir le petit nombre des voix qui disent qu'il y a scandale, aberration, horreur, et de faire grandir le nombre de ces voix, et de faire en sorte qu'elles s'élèvent, qu'elles soient de plus en plus hautes, de plus en plus fortes – pour protester. Je ferai cela. Demain, je ferai cela.

Car c'est la nuit maintenant. Autour de moi, en moi. Je suis sous les étoiles. Elles sont là, pour une fois, diaprant le ciel, visibles. Je sais que même si leur lumière qui voyage paraît toujours la même, elles sont toutes différentes. Elles me prennent par la main, doucement, m'entraînent dans leurs associations d'idées. L'œil dans le viseur du télescope, je ne touche plus tellement terre. Je flotte un peu. Je suis là-haut. Elles me soulèvent, m'entraînent à la dérive, et moi je me laisse faire, car la pensée cosmique, en fait, c'est simplement celle dont je viens.

Parmi les mythes qui ont aidé les gens de mon espèce à tenir le coup, depuis que nous sommes nomades, il y a cette idée folle que lorsque nous devrons repartir – car il faut souvent repartir – les étoiles nous feront signe, qu'elles viendront nous chercher. Quand ils étaient là-haut, si désespérément lents entre deux astres, mes parents, leurs parents, tous mes ancêtres ont dû se raconter cela – et se demander, aussi : combien de temps cela va-t-il encore durer ? Et la question qui vaut pour le voyage, elle vaut aussi pour le genre d'existence que nous menons ici.

Combien de temps cela va-t-il encore durer ? Plus très longtemps, sans doute. Il n'y a pas pour nous d'infini. Je me demande – car c'est la nuit maintenant : qu'est-ce qui cessera d'abord ? Les grands glaciers de montagne ? Les saltos arrière des baleines ? Notre domination ? Il serait beau d'y croire, de poursuivre le combat en croyant de tout mon corps à ses chances de succès. Mais est-ce que nous serons assez forts, je me demande, pour que notre sens de l'avenir finisse par l'emporter sur le présent qui nous accapare ? Se limiter pour d'autres alors qu'ils ne peuvent pas nous y contraindre : est-ce que nous voudrons cela ? est-ce que nous saurons le faire ?

Alors. Qu'est-ce qui cessera, d'abord ? Si ce n'est pas notre domination, qu'est-ce qui cessera ? Les très grands rires d'enfants ? Les très vieux arbres où s'abritent les grands singes ? Les hommes, les animaux ? Si nous restons encore un peu, c'est notre manière de vivre qui les fera disparaître. Je voudrais croire – car je suis sous les étoiles – que nous allons consentir à nous priver pour eux, mais il est plus probable tels que je commence à nous connaître que nous affirmerons haut et fort, avec, voilant nos voix, à peine une ombre coupable, qu'à respirer le même air que nous, eux qui sont inutiles, ils empiètent sur l'espace que nous pourrions occuper. Et quand nous aurons tiré de ce constat les dernières conséquences, nous nous retrouverons encore un peu plus seuls. Aussi seuls, à vrai dire, que je le suis ce soir. Nous aurons le temps de nous demander, alors, dans le halo diffus de la lune, si tous ces autres méritaient que nous les regardions mourir en silence ; si nous sommes satisfaits de nous être débarrassés de ces espèces inférieures ; si cette solitude nous convient.

Le plus probable – car c'est la nuit maintenant – c'est que nous continuerons tout droit, à faire ce que nous savons faire en répétant que tout ça n'est pas si grave. Tuer, par volonté ou négligence, on peut dire que nous savons faire : mener à l'extinction les espèces par milliers, en réduire d'autres à l'esclavage jusqu'à ce que leur existence ne mérite plus de porter ce nom. Mais tuer la vie tout de même pas. Il y aura un après. Nous cesserons avant elle. Je ne peux pas l'ignorer, puisque je suis sous les étoiles. La vie fera valoir ses lois, comme à son habitude, sans prononcer un mot, une sélection muette et naturelle qui nous supprimera tous, pour que subsistent à notre place des espèces moins grandiloquentes, plus fines, plus économes. Ceux qui resteront sur cette terre, même si c'est triste de l'avouer, ce ne seront pas les hommes, et ce ne sera pas nous. Il restera ou il viendra d'autres espèces dont nous ne saurons pas les noms. Nous ne serons plus là, d'ailleurs, pour les baptiser à tout-va. Ce sont certaines d'entre elles, peut-être, qui retrouveront des traces de notre passage et qui nous rebaptiseront. Car pour notre part, en tout cas, si nous ne sommes pas capables soudain de montrer un tout autre visage, nos années sont comptées. Nous pourrons nous démener et repousser le terme, une fois, deux fois, de toute notre intelligence, mais la défaite nous rattrapera. Ce n'est pas la terre qu'on sauve – quand si souvent on parle de sauver – c'est la possibilité si précieuse et précaire que nous avons de nous y tenir, d'y être bien, de l'habiter, d'y trouver quelque chose qui s'appellerait le repos. Pour elle, il n'y a pas d'angoisse à se faire. La terre continuera. Longtemps, longtemps, jusqu'à ce que le soleil meure. Et toutes les terres, partout, dans l'espace qui sidère. Elles sont plus belles bien sûr quand elles portent la vie – mais le vivant n'est pas fait pour durer. Un jour le souffle s'arrête. On ne le voit plus, on ne l'entend plus. Plus de visage qui remue, de voix dont le métal vibre, de gorge qui se soulève. Il s'interrompt, s'arrête. Et moi, et moi pourtant, j'aurais voulu qu'il continue.

RÉALISATION : NORD COMPO À VILLENEUVE-D'ASCQ
IMPRESSION : CPI FRANCE
DÉPÔT LÉGAL : JANVIER 2016. N° 130014 (131306)
Imprimé en France